EINSAM IN DER MENGE

Der Schriftsteller in Wolfgang Koeppens
Nachkriegsromanen

von

Lothar Veit

Tectum Verlag
Marburg 2002

Umschlagfoto
Der Schriftsteller Wolfgang Koeppen (Mitte) mit den Kollegen Karl Krolow (links) und Peter Rühmkorf (rechts) in Bergen-Enkheim (1976).
© dpa-Bildarchiv

Die Deutsche Bibliothek - CIP-Einheitsaufnahme

Veit, Lothar:
Einsam in der Menge.
Der Schriftsteller in Wolfgang Koeppens Nachkriegsromanen.
/ von Lothar Veit
- Marburg : Tectum Verlag, 2002
ISBN 978-3-8288-8419-9

© Tectum Verlag

Tectum Verlag
Marburg 2002

Für meine Eltern.

Inhalt

Einleitung 7

1. Tauben im Gras 10
    1.1. Zeitgenössische Rezeption 10
    1.2. Der erste Auftritt des Protagonisten: Philipp 13
    1.3. Der Schriftsteller als Beobachter 14
    1.4. Schreibprobleme 15
    1.5. Manipulation der Sprache durch Technik 16
    1.6. Der Intellektuelle im Literaturbetrieb 20
    1.7. Beruf und Berufung 21
    1.8. Journalisten als Auguren der Moderne 27
    1.9. Der Schriftsteller als Anwalt der Unterdrückten 28
    1.10. Mr. Edwins Vortrag 30
    1.11. Der Schluss 33

2. Das Treibhaus 35
    2.1. Zeitgenössische Rezeption 35
    2.2. Der erste Auftritt des Protagonisten: Keetenheuve 39
    2.3. Gegenposition zum bürgerlichen Lebensentwurf 41
    2.4. Mythologische Verweise 43
    2.5. Manipulation der Politik durch Technik 46
    2.6. Der Schriftsteller als Revolutionär 50
    2.7. Journalisten als Instrumente der Macht 51
    2.8. Der Dichter Keetenheuve 54
    2.9. Die ästhetische Existenz 58
    2.10. Keetenheuves Rede 60
    2.11. Der Schluss 62

3. Der Tod in Rom 66
    3.1. Zeitgenössische Rezeption 66
    3.2. Der erste Auftritt des Protagonisten: Siegfried 68
    3.3. Manipulation der Musik durch Technik 69

3.4. Innerer Dialog 71
3.5. Musik als Pseudonym für Literatur.. 73
3.6. Kirchenkritik und Religiosität 75
3.7. Kunst im Kontext der Zeit.. 77
3.8. Reflexion des Erzählten durch Erzählung..................................... 78
3.9. Ästhetik der Sexualität.. 79
3.10. Siegfrieds Konzert 82
3.11. Der Schluss 84

4. Autobiographisches in Koeppens Romanen 87

Fazit 92

Literaturverzeichnis 94

Einleitung

„Koeppen gehört offenbar zu jenen Schriftstellern, deren Berühmtheit die Bekanntheit und erst recht die Beliebtheit bei weitem übersteigt"[1], schrieb Dietrich Erlach 1973 in seiner Dissertation und beklagte damit den bis dato spärlichen Bestand an Sekundärliteratur. Anders formuliert: Koeppen gehört offenbar zu jenen Schriftstellern, deren literarische und stilistische Fähigkeiten in gleichem Maße gepriesen werden, wie ihr Werk nicht gelesen wird. Noch kürzer: Wolfgang Koeppen ist ein Geheimtipp. Das galt und gilt 1951[2] wie 1973 wie 2002.

Die Koeppen-Forschung hingegen, die abseits des breiten Lesepublikums wirkt, ist in Bewegung wie lange nicht mehr. War Wolfgang Koeppen zuletzt 1992 positiv durch die Entdeckung seiner Autorschaft an dem Buch „Jakob Littners Aufzeichnungen aus einem Erdloch"[3] und dann 1999 negativ durch die Infragestellung eben dieser Autorschaft in die Schlagzeilen der Feuilletons geraten, ist er nun wieder in den abgeschirmten Schoß der Literaturwissenschaft zurückgesunken. Im Herbst 2001 hat Jörg Döring eine bemerkenswerte und umfassende Arbeit über Koeppens Schaffen zwischen 1933 und 1948 vorgelegt[4], in der ein ausführliches Kapitel dem Littner-Mysterium gewidmet ist. Döring hat überdies genau den Zeitraum erforscht, den Wolfgang Koeppen zeit seines Lebens als „großen Roman" aufarbeiten wollte, aber nicht zu schreiben vermochte.

Seit 1995 haben drei internationale Wolfgang-Koeppen-Kongresse stattgefunden, die jeweils umfangreiche Buchpublikationen mit neuesten Forschungsergebnissen nach sich zogen. Am 1. Juli 2000 wurde die Internationale Wolfgang-Koeppen-Gesellschaft e. V. Greifswald/München gegründet. Und schließlich riefen Günter Grass und Peter Rühmkorf die Wolfgang-Koeppen-Stiftung ins Leben, die unter anderem den 2001 begonnenen Wiederaufbau des (völlig verfallenen und danach abgerissenen) Koeppenschen Geburtshauses als „Literaturhaus Vorpommern" in Greifswald finanzieren helfen will.

---

[1] Erlach, Dietrich: Wolfgang Koeppen als zeitkritischer Erzähler. Acta Universitatis Upsaliensis – Studia Germanistica Upsaliensa 11, Uppsala 1973, S. 9.
[2] 1951 erschien „Tauben im Gras", der erste Roman der Nachkriegstrilogie.
[3] Koeppen, Wolfgang: Jakob Littners Aufzeichnungen aus einem Erdloch. Suhrkamp Verlag, Frankfurt am Main 1994.
[4] Döring, Jörg: »... ich stellte mich unter, ich machte mich klein ...«. Wolfgang Koeppen 1933 – 1948. Stroemfeld Verlag, Frankfurt am Main und Basel, 2001.

Im Juni 2001 ist „Das Treibhaus" erstmals von Michael Hofmann ins Englische übersetzt worden[5], so dass Wolfgang Koeppen mit seiner Sicht auf das Bonn der Nachkriegs-Restauration nun auch in den Vereinigten Staaten auf Interesse stößt – immerhin mit einem Roman, der 1953 geschrieben wurde. Gleich, ob die deutsche Hauptstadt Bonn oder Berlin heißt: Nach rund 50 Jahren scheint Koeppen nach wie vor (oder wieder) aktuell zu sein.

Dafür, dass das Interesse an ihm nicht erlischt, hat Wolfgang Koeppen selbst gesorgt. Dem mythenverliebten Schriftsteller gelang es in zahllosen Interviews, einen Mythos um sich selbst zu weben. Alfred Estermann formuliert es so: „Es ergab sich eine lange Reihe persönlicher Gespräche und schriftlicher Interviews, bei denen ihm zustatten kam, daß er über ein brillantes Gedächtnis ebenso verfügte wie über die souveräne Möglichkeit, keinen Gebrauch von ihm zu machen, daß sein Erinnerungsvermögen zugleich präzise und durch erzählungsdramaturgische Rücksichten determinierbar war."[6]

Mit immer neuen Ankündigungen von Romanen, die mal in Arbeit waren, mal fast fertig (und dann doch nie erschienen), hielt Koeppen sich im Gespräch. Die immer wiederkehrenden Fragen nach seiner Biographie, besonders während des Nationalsozialismus, beantwortete er bald textbausteinhaft routiniert: Seine „zwanglose" Emigration nach Holland, die Wiederkehr, sein „Unterstellen" beim Film und schließlich sein Gang in den „Untergrund", nachdem seine Berliner Wohnung zerbombt worden war – diese Stationen wären das Gerüst für seinen „großen Roman" gewesen, und er hat die Fakten scheinbar widerwillig immer wieder mitgeteilt: „... es ist zu schwer, das alles zu sagen; ich will es mal schreiben, warum, verdammt noch mal, schreibe ich es nicht?"[7]

Auch weiterhin sind neue Erkenntnisse zu erwarten. Nach Wolfgang Koeppens Tod 1996 wurde damit begonnen, seinen Nachlass zu sichten und zu sortieren. Es fanden sich zahllose Manuskriptseiten, unter anderem auch das verschollen geglaubte Romanfragment „Die Jawang-Gesellschaft", zu dessen Verschwinden sich Koeppen im Laufe der Zeit mindestens drei verschie-

---

[5] Der Autor Michael Hofmann, der vorwiegend Joseph Roth, aber auch Franz Kafka und Peter Stamm ins Englische übertragen hat, legte 2001 darüber hinaus eine zweite Übersetzung von Koeppens meistübersetztem Roman „Der Tod in Rom" vor. Bereits 1956 erschien „Death in Rome" in einer Übersetzung von Mervyn Savill. Eine englische Fassung der „Tauben im Gras" wurde laut Koeppen in den 50er Jahren von einem amerikanischen Verleger abgelehnt mit der Begründung: „Mit diesem deutschen Elend wollen wir nicht mehr konfrontiert werden". Seitdem steht eine Übersetzung noch aus.
[6] Zitiert nach Estermann, Alfred: Nachwort. In: Auf dem Phantasieroß. Prosa aus dem Nachlaß. Herausgegeben von Alfred Estermann. Suhrkamp, Frankfurt am Main 2000, S. 679.
[7] Die Last der verlorenen Jahre. Ein Gespräch mit Wolfgang Koeppen von Volker Wehdeking. In: Wehdeking, Wolfgang: Anfänge westdeutscher Nachkriegsliteratur. Aufsätze, Interviews, Materialien. Aachen 1989. Zitiert nach: Koeppen, Wolfgang: Einer der schreibt. Gespräche und Interviews. Herausgegeben von Hans Ulrich Treichel. Suhrkamp, Frankfurt am Main 1995, S. 210.

dene Varianten ausgedacht hatte. Eine Kopie des Romantyposkripts ruhte unterdessen wohlbehalten in seinem Manuskriptschrank, der mittlerweile im Greifswalder Koeppen-Archiv zu besichtigen ist. Warum er sich gelegentlich widersprach, wissentlich oder unwissentlich Dinge verschwieg oder falsch darstellte, lässt sich ohne Spekulationen nicht beantworten. Sein Nachlass und vor allem der darin enthaltene Briefbestand werden wohl noch manches aufklären, worüber Koeppen die interessierte Öffentlichkeit im Unklaren gelassen hat. Eine erste Auswahl der erhaltenen Prosafragmente ist im Sommer 2000 bei Suhrkamp in dem 780 Seiten starken Sammelband „Auf dem Phantasieroß" veröffentlicht worden.

Sosehr er sein eigenes Leben als „romanhaft" empfand und diesen Begriff wiederholt in Interviews zu Protokoll gab, sosehr finden sich in seinem Werk unentwegt die Selbstreflexionen eines Schriftstellers. Man läuft Gefahr, diese Reflexionen in Koeppens Romanen mit autobiographischen Auskünften gleichzusetzen oder mindestens zu vermischen. Was streng genommen zweierlei ist, lässt sich aber gerade bei Koeppen nur schwer voneinander trennen. Für Autobiographisches in seinem Werk gibt es zahlreiche Belege. Die seinerseits in Interviews und Gesprächen mehrfach mitgeteilte Reflexion der eigenen Rolle (und gleiches gilt für seine Romanprotagonisten) schwankt zwischen der utopischen Verklärung des Romanciers an der Seite der Schwachen und Entrechteten und der durch eine kapitalistische Gesellschaft erzwungenen Verdammung zum profanen Broterwerbsdichter. 1971 beschreibt Koeppen in einem Gespräch mit Horst Krüger das Los der Schriftstellerei so: „Bücher werden aus Mißverständnis gekauft, manchmal aus Mißverständnis gelesen, aus lauter Mißverständnis in den Schrank gestellt, schließlich als Taschenbuch verbreitet und weggeworfen, was all diese Mißverständnisse wieder aufhebt und gutmachte, gäbe es nicht die Philologen, die den Fall registrieren und zu den Akten nehmen für neue Mißverständnisse."[8]

So soll nun also in dieser Studie registriert werden, wie Wolfgang Koeppen durch die Protagonisten Philipp, Keetenheuve und Siegfried in seinen drei Nachkriegsromanen „Tauben im Gras", „Das Treibhaus" und „Der Tod in Rom" die Rolle des Schriftstellers reflektiert – wohl wissend, dass damit möglicherweise neue Missverständnisse zu den Akten genommen werden.

---

[8] Selbstanzeige. In: Schriftsteller im Gespräch: Wolfgang Koeppen und Horst Krüger. Herausgegeben von Werner Koch. Frankfurt am Main 1971. Zitiert nach: Koeppen, Wolfgang: Einer der schreibt, S. 33.

1. Tauben im Gras

1.1. Zeitgenössische Rezeption

Die zeitgenössischen Rezensenten waren sich uneinig darüber, ob sie Koeppens ersten Nachkriegsroman „Tauben im Gras" als politische Zeitkritik oder als Weiterführung seines – wie sie glaubten – bisher einzigen Themas, der subjektiv-biographisch geprägten Auseinandersetzung mit der Arbeit des Schriftstellers, lesen sollten. So betonte etwa Karl Korn in der Frankfurter Allgemeinen Zeitung vom 13. Oktober 1951 für die erstgenannte Fraktion: „Koeppens Buch sagt über die politische Gesamtsituation in diesem Land zwischen West und Ost mehr aus als ganze Jahrgänge von Leitartikeln."[9] – ein bemerkenswertes Kompliment kurz nach Erscheinen des Buches, zumal von einem Leitartikler. Aus dem gleichen Blickwinkel las 1952 Hans Schwab-Felisch „Tauben im Gras", kam aber zum gegenteiligen Ergebnis: „[...] er hat die Düsternis unserer Zeit zum ausschließlichen Ausgangspunkt gemacht. [...] Das ist nicht der ganze Tatbestand des Nachkriegsdeutschland."[10] Der Roman sei zwar „ein literarischer Wurf; ein epochales, umwerfendes Ereignis ist er nicht."[11] Als kleines Trostpflaster endete Schwab-Felisch mit dem Fazit: „Trotz allem seien Mut, Offenheit und nebenbei auch die Erneuerung des Joyceschen Experiments auf verkleinerter Basis anerkannt."[12]

Es gab allerdings, wie gesagt, auch Rezensenten, die es erstaunlicherweise vermochten, „Tauben im Gras" weitgehend unpolitisch zu lesen, wie etwa Helmut Heißenbüttel, der in Koeppens Romanen vornehmlich „die Frage nach der Möglichkeit, [...] subjektive Erfahrung in der Form von Erzählung, Erfindung, Fiktion mitzuteilen"[13] zu lesen glaubte.

Einen wundersamen Gesinnungswandel, weg von der politischen Lesart, vollzog der bereits erwähnte Hans Schwab-Felisch. Er schrieb vierzehn Jahre nach seiner ersten Rezension einen „Widerruf" und lief damit in die entgegengesetzte Irre: „Nicht gesehen habe ich das eigentliche Thema Koeppens,

---

[9] Korn, Karl: Ein Roman, der Epoche macht. In: Frankfurter Allgemeine Zeitung vom 13.10.1951. Zitiert nach: Greiner, Ulrich: Über Wolfgang Koeppen. Suhrkamp Verlag, Frankfurt am Main 1976, S. 26.
[10] Schwab-Felisch, Hans: Wolfgang Koeppen: Tauben im Gras. In: Der Monat 4, Heft 40, 1952. Zitiert nach: Greiner, Ulrich: Über Wolfgang Koeppen, S. 37.
[11] Ebd., S. 36.
[12] Ebd., S. 38.
[13] Heißenbüttel, Helmut: Literatur als Aufschub von Literatur? Über den späten Wolfgang Koeppen. In: Arnold, Heinz Ludwig (Hg.): Wolfgang Koeppen. Edition Text + Kritik, Heft 34, Richard Boorberg Verlag, München 1972, S. 33.

das die Kontaktlosigkeit ist, die Flucht des Menschen vor sich selbst, die eine Angst vor sich selbst ist. Nicht erkannt habe ich die Sorge des Autors Koeppen um diese Menschheit, seine große Trauer."[14] Schwab-Felisch entschuldigte seinen früheren Fehlgriff mit Unerfahrenheit und bezeichnete seinen einstigen Schlusssatz gar als „auf ziemlich unerträgliche Weise herablassend"[15].

In einer der ersten umfassenden literaturwissenschaftlichen Untersuchungen über Koeppen lenkte Dietrich Erlach 1973 den Blick wieder auf die zeitkritische Komponente und betonte sie bereits im Titel seiner Arbeit: „Wolfgang Koeppen als zeitkritischer Erzähler". Über die Nachkriegsromane schrieb er: „Hatte Koeppen früher der Befindlichkeit eines von des Dichters eigener Problematik bestimmten Individuums nachgespürt, so konzentriert er sich jetzt auf die Befindlichkeit des zeitgeschichtlichen Moments."[16]

All diesen Zitaten merkt man an, dass die Literaturkritik ihre Probleme mit Koeppen hatte. Der verständliche Versuch der Rezensenten, ihn einer ihrer Schubladen zuzuordnen, misslang. Vielleicht erschien ihnen der logische Kompromiss als zu einfach – dass nämlich Koeppen aus seinem „Berufsverständnis" heraus beides verknüpfen musste: Die Selbstreflexion über das Schreiben war für ihn ohne Zeitdiagnose und -kritik ebenso wenig möglich wie die Beschreibung der Zeit ohne Reflexion der Rolle des Schriftstellers in eben dieser Zeit. Oder etwas geschliffener: Man kann „den viel beredeten Gegensatz von Zeitkritik und existentiellem Diskurs nur als Scheinalternative betrachten".[17]

Was war das Neue an Koeppens Prosa? Zunächst der Stil, wenigstens in Deutschland. Die Montagetechnik, die assoziativ wirkende Aneinanderreihung von filmisch beschriebenen Szenen, die Einsprengsel aus Zeitung und Rundfunk – dafür gab es mit Dos Passos, Faulkner und Joyce Vorbilder in der angloamerikanischen Literatur der Vorkriegszeit, die Koeppen auch gar nicht verschweigt: „Joyce habe ich 1926 gelesen. [...] Ich bin überzeugt, daß man heute auch ohne die Wegmarke Joyce in seine Richtung gehen müßte. Dieser Stil entspricht unserem Empfinden, unserem Bewußtsein, unserer bitteren Erfahrung. Und man sollte, weil ein Großer zum erstenmal so gesprochen, so erzählt hat, das Gefundene, das Erreichte nicht leichtfertig verwerfen."[18]

Neu war aber vor allem das Thema. Die bis dato erschienene deutschsprachige Nachkriegsliteratur von Autoren wie Borchert, Böll, Grass oder Andersch versuchte zunächst im Rückblick die Geschehnisse des Zweiten Welt-

---

[14] Schwab-Felisch, Hans: Wolfgang Koeppen: Tauben im Gras. In: Der Monat 18, Heft 218, 1966. Zitiert nach: Greiner, Ulrich: Über Wolfgang Koeppen, S. 42.
[15] Ebd., S. 39.
[16] Erlach, Dietrich: Wolfgang Koeppen als zeitkritischer Erzähler, S. 45.
[17] Quack, Josef: Wolfgang Koeppen. Erzähler der Zeit. Verlag Königshausen & Neumann, Würzburg 1997, S. 318.
[18] Werkstattgespräch. Horst Bienek im Gespräch mit Wolfgang Koeppen. In: Merkur 16, 1962, Heft 172. Zitiert nach: Koeppen, Wolfgang: Einer der schreibt, S. 22.

krieges zu thematisieren und zu verarbeiten. Koeppen dagegen zeichnete als erster ein beängstigend präzises Bild der Gegenwartsgesellschaft. Beängstigend deshalb, weil nicht wenige Zeitgenossen sich in dem Roman wiederzuerkennen glaubten, was Koeppen veranlasste, der zweiten Auflage ein Vorwort voranzustellen („[…] *manche, die ich nie in Verhältnissen und Bedrückungen vermutet hatte, wie dieses Buch sie malt, fühlten sich zu meiner Bestürzung von mir gekränkt* […]"[19]).

Bedeutend polemischer und offenbar ernsthaft beleidigt reagierte Koeppen bereits 1952 in seinem Aufsatz „Die elenden Skribenten" auf einen im „Münchner Merkur"[20] veröffentlichten Vorwurf:

> „[…] Meinem Buch ‚Tauben im Gras' ist die Ehre widerfahren, den Klatsch kleiner Kreise zu beleben, die wähnen, die Welt zu sein. Ich höre, lese und staune, daß ich den und jenen beschrieben und manche Innenseite nach außen gestülpt haben soll. Dabei wollte ich nur einen Tag meiner Zeit einfangen, die Zeit und ihre Menschen beschreiben, wie ich sie sehe und empfinde, ich habe an keine bestimmten Personen, an keine bestimmten Vorgänge des Lebens gedacht, ich wollte das Allgemeine schildern, das Gültige finden, die Essenz des Daseins, das Klima der Zeit, die Temperatur des Tages, und ich scheine, mehr als ich vermuten durfte, das Verbreitete und das Bezeichnende getroffen zu haben, denn wie wäre es sonst zu erklären, daß sich für einige meiner Romanfiguren in den Unterhaltungen gleich *mehrere* Bewerber, *mehrere* angebliche Urbilder gemeldet haben, und darunter, was mich befremdet, Leute, die, wäre mein Roman ein Bühnenstück, die Rollen nicht spielen könnten; sie bringen nichts dafür mit, sie wären Fehlbesetzungen. Dieses Geschehen bliebe privat und nicht erwähnenswert, wenn sich nicht eine Zeitung, die den Roman in ihrer Literaturbeilage sehr freundlich begrüßte, zum Sprachrohr der Gekränkten gemacht hätte, der angeblich und ganz gegen meinen Willen von mir Gekränkten. In einer mir gewidmeten Polemik schreibt das Blatt den schönen, oben zitierten Satz über das schriftstellerische Gewerbe: ‚Es geht vielmehr darum, ob es sittlich vertretbar sei...' (Siehe oben!) Da haben wir's. Der elende Skribent ist ein Astlochgucker! Mich stattet dazu noch die Zeitung mit einer Miniaturkamera im Knopfloch aus, und in einem Gespräch soll man ernsthaft vermutet haben, ich

---

[19] Koeppen, Wolfgang: Tauben im Gras. Suhrkamp Verlag, Frankfurt am Main 1980, S. 7. Alle weiteren Textstellen werden künftig nach dieser Ausgabe zitiert, die Seitenangabe erfolgt unmittelbar nach dem Zitat im Text.
[20] Aus einer anonymen »Tagebuch«-Glosse des »Münchner Merkurs« vom 29. Januar 1952: „Es geht vielmehr darum, ob es sittlich vertretbar sei, mit einem kräftigen Messer das Schlüsselloch noch zu erweitern, durch das der Schriftsteller seine Welt und seine Gestalten bei seinem Tun beobachtet, das diese mit dem guten Recht des Privatmannes eben hinter geschlossenen Türen absolvieren."

schleiche in der Nacht mit einem Scherenfernrohr um die Häuser, denn sonst könne ich es doch nicht wissen, ich sei doch nicht dabeigewesen. Nein, ich war nicht dabei! Ich besitze keine Kamera und kein Scherenfernrohr, ich muß die Herrschaften enttäuschen und leider auch erschrecken: der Vorgang ist viel einfacher und viel, viel unheimlicher. Der Skribent sitzt zu Hause an seinem Tisch, er saugt sich's aus den Fingern, er richtet seinen Blick ins Leere oder ins Schwarze oder Helle, und sein Blick durchdringt die Türen, die Mauern, die geschlossenen Jalousien, er dringt durch die Kleidung, er dringt ins Herz, und er sieht im Herzen der Menschen die Wahrheit, die Süße und die Bitternis des Lebens, sein Geheimnis, seine Angst, seinen Schmerz, seinen Mut. Gegen diese Durchleuchtung kann man sich nur wehren, indem man die Bestie wieder in den Kindergarten einer ‚Schrifttumskammer' sperrt, um sie dort mit bukolischem Salat oder völkischem Kraut zu füttern. Solange wir aber noch nicht wieder eingepfercht sind, werden wir uns, werde ich mich auf der Weide des Lebens, im Umkreis der Zeit tummeln." [21]

Mit diesen Ausführungen teilt Wolfgang Koeppen bereits einiges über sein Schriftstellerverständnis im Sinne eines „stillen Beobachters" mit. Im Folgenden soll diese Position an Philipp, der zentralen Schriftstellerfigur aus „Tauben im Gras", untersucht werden. Die einzelnen Szenen, in denen Philipp eine entscheidende Rolle spielt, werden in chronologischer Reihenfolge betrachtet.

1.2. Der erste Auftritt des Protagonisten: Philipp

„Es war eine schmutzige Flut, die mit jedem Besenstoß der Männer Philipp näher rückte. Hauch und Staub der Nacht, der schale tote Abfall der Lust hüllten Philipp ein." [16] – so endet das erste Segment, in dem die Figur Philipp eingeführt wird. Er verlässt ein Hotel, in dem er die Nacht verbracht, aber kaum geschlafen hat. Wir erfahren, dass „das Schicksal" Philipp dorthin getrieben hatte und dass sein eigentlicher Wohnsitz in derselben Straße wie das Hotel liegt, was den Wirt zu einer misstrauischen Nachfrage veranlasst. Sonst erfährt man wenig über Philipp, nichts über seinen Beruf, nichts über seinen Familienstand. Koeppen erzeugt stattdessen durch die Beschreibung des Nachtlebens im Umfeld des Hotels eine Stimmung, die Philipp bereits als irgendwie Gescheiterten präsentiert. Gescheitert wie auch alle anderen – anonymen – Personen, die in dieser kurzen Passage zugegen sind: „Unter dem Fenster schimpften Spieler, die ihr Geld verloren hatten. Betrunkene torkelten aus dem Bräuhaus. Sie pißten gegen die Häuser und sangen die-Infanterie-die-

---

[21] Koeppen, Wolfgang: Die elenden Skribenten. Zuerst in: „Die Literatur" (Stuttgart) Nr. 1 vom 15. März 1952. Zitiert nach: Koppen, Wolfgang: Gesammelte Werke in sechs Bänden. Herausgegeben von Marcel Reich-Ranicki in Zusammenarbeit mit Dagmar von Briel und Hans-Ulrich Treichel, Suhrkamp Verlag, Frankfurt am Main 1990, Band 5, S. 231ff. (künftig: GW 5/231).

Infanterie, verabschiedete, geschlagene Eroberer." [15] Den Wirt stellt Koeppen dar als groben Kerl mit „kalten Augen, todbitter im glatten ranzigen Fett befriedigter Freßlust, gesättigten Durstes, im Ehebett sauer gewordener Geilheit", sein Hotel ist ein „Bienenstock des Teufels und jedermann in dieser Hölle schien zur Schlaflosigkeit verdammt." [15]

Der Erzähler lässt Philipp, nachdem er das Hotel verlassen hat, die Überreste der besinnungslosen Großstadtvergnügungen beobachten. Der Müll der vergangenen Nacht wird Philipp buchstäblich vor die Füße gekehrt.

1.3. Der Schriftsteller als Beobachter

„Philipp kam mit der Zeit nicht zurecht." [19] heißt es im nächsten Philipp-Segment. Nach einer Aufzählung von Kindheitserinnerungen (die zum Teil auffällig verwandt sind mit Wolfgang Koeppens eigener Biographie; Philipp hat zum Beispiel seine Kindheit in einer Kleinstadt „irgendwo in Masuren" [20] verbracht) reflektiert der Erzähler seine oder Philipps oder beider Zeiterfahrung: „Zugleich aber raste dieselbe Zeit, die doch wiederum stillstand und das Jetzt war, dieser Augenblick von schier ewiger Dauer, flog dahin, wenn man die Zeit als die Summe aller Tage betrachtete [...]. Aber er, Philipp, stand noch dazu außerhalb dieses Ablaufs der Zeit, nicht eigentlich ausgestoßen aus dem Strom, sondern ursprünglich auf einen Posten gerufen, einen ehrenvollen Posten vielleicht, weil er alles beobachten sollte, aber das Dumme war, daß ihm schwindlig wurde und daß er gar nichts beobachten konnte, [...]." [20]

Hier deutet sich schon an, welche Haltung nach Koeppens Auffassung der Schriftsteller einnehmen muss, wenngleich uns immer noch nicht mitgeteilt wurde, dass sein Protagonist ein solcher ist. Als Koeppen 1962 der Büchnerpreis verliehen wird, spricht er in seiner Dankesrede vom „Schriftsteller als Einsamen, als Beobachter, als Außenseiter"[22]. Diese drei Standpunkte sind in „Tauben im Gras" bereits in vollem Maße entfaltet. Philipp „stand außerhalb der Zeit" – ein *Außenseiter*. Er war „nicht eigentlich ausgestoßen", aber doch auf einen *einsamen* Posten gerufen, einen „ehrenvollen Posten vielleicht, weil er alles *beobachten* sollte". Der Autor Koeppen gestattete sich in der Tat den Glauben, dass die Beobachterrolle des Schriftstellers eine ehrenvolle ist, er weiß jedoch auch um die Vergeblichkeit dieser Aufgabe. Ähnlich geht es Philipp: „das Dumme war, daß ihm schwindlig wurde und daß er gar nichts beobachten konnte".

Eine vergleichbare Sichtweise formuliert Koeppen in einem Beitrag zum 60. Geburtstag des Literaturkritikers Marcel Reich-Ranicki: „Der Schreibende steht als Beobachter des Lebens mit seinen wechselnden Gefühlen, seinem ehrlichen Entsetzen, dem mannigfaltigen Mitleiden, dem hilflosen Zorn, der bösen Verzweiflung an einem archimedischen Punkt außerhalb des Sozialge-

---

[22] Koeppen, Wolfgang: Rede zur Verleihung des Georg-Büchner-Preises 1962 in Darmstadt. In: GW 5/260.

füges. Er ist verführt, die Welt aus den Angeln zu heben, und sich der Aussichtslosigkeit bewußt."[23]

1.4. Schreibprobleme

In den folgenden Abschnitten erschließt sich dem Leser nach und nach Philipps Lebenssituation. Ins Hotel war er vor seiner Frau Emilia geflohen, die, so beschreibt es Philipp, sich von dem lieben Dr. Jekyll in den bösen Mr. Hyde verwandelt, wenn sie getrunken hat. Die Alkoholikerin Emilia ist Philipp und vor allem seinem Beruf in Hassliebe verbunden: „Sie betrachtete den Tisch mit der Schreibmaschine, das weiße unbeschriebene Papier, die Requisiten der Arbeit, die sie verabscheute und von der sie sich Wunder versprach, Ruhm, Reichtum, Sicherheit, über Nacht gewonnen, in einer Rauschnacht, in der Philipp ein bedeutendes Werk schreiben würde, in einer Nacht, doch nicht an vielen Tagen, nicht in einer Art Dienst, nicht mit dem stetigen Geklapper der kleinen Schreibmaschine." [29] Emilia lebt als letzte Nachfahrin einer durch den Krieg verarmten Familie vom Verkauf ihres Schmucks und ihrer Antiquitäten und finanziert damit auch Philipp, der im Verlauf des Buches übrigens nicht eine Zeile schreibt (wie auch Keetenheuve in „Das Treibhaus" erstaunlich wenig tut, was der Arbeit eines Berufspolitikers entsprechen könnte).

Immer wieder blitzen in der Beschreibung Philipps Parallelen zu Koeppens eigener Biographie auf (siehe dazu auch Kapitel 4: Autobiographisches in Koeppens Romanen). So wird in einem Nebensatz erwähnt, dass Philipp der „Verfasser eines im Dritten Reich verbotenen und nach dem Dritten Reich vergessenen Buches" [52] sei. Ähnlich erging es Koeppen, der in seiner Büchnerpreisrede näher darauf eingeht: „Ich war, als Hitler zur Macht kam, beschäftigt, meinen ersten Roman zu schreiben [...]. Es waren unsere und leider auch meine Jahre, die da verbrannten, für mich, der ich nicht mitmarschierte, nicht in der braunen Reihe ging, verlorene, erlittene, sprachlose Jahre."[24]

Die Erwähnung von Philipps vergessenem Buch – von dem konsequenterweise nicht gesagt wird, wovon es handelt – findet in einem Szenario voll grotesker und tragisch-ironischer Anspielungen statt. Von der geschäftstüchtigen Gräfin Anne „mit dem Opfer-des-Faschismus-Ausweis" [52] wird Philipp bedrängt, Film-Drehbücher zu schreiben. Philipp lehnt ab, weil diese Tätigkeit seinem literarischen Anspruch zuwider läuft, lässt sich aber stattdessen überreden, für die Gräfin – in einer in Trümmern liegenden Stadt – ausgerechnet Patentkleber zu verkaufen. Sein Weg führt ihn in ein Schreibmaschinengeschäft, das ihn schmerzlich, aber für den Leser nicht unkomisch, an seine eigentliche Bestimmung erinnert: „Die Schreibmaschinen blitzten im Neonlicht, und Philipp hatte die Empfindung, daß ihre Tastaturen ihn angrinsten:

---

[23] Koeppen, Wolfgang: Er schreibt über mich, also bin ich. In: GW 5/349.
[24] Koeppen, Wolfgang: Rede zur Verleihung des Georg-Büchner-Preises. In: GW 5/257f.

die Buchstabenfront wurde zu einem höhnenden offenen Maul, in dem das Alphabet mit bleckenden Zähnen nach ihm schnappte. War Philipp nicht Schriftsteller? Herr der Schreibgeräte? Ein gedemütigter Herr! Wenn er den Mund aufmachte, ein Zauberwort ausspräche, würden sie losklappern: willige Diener. Philipp wußte das Zauberwort nicht. Er hatte es vergessen." [53]

1.5. Manipulation der Sprache durch Technik

Die Tragödie steigert sich noch, als Philipp sich nicht als Vertreter zu erkennen gibt, den Kleber in der Tasche lässt („Er hatte nicht den Mut, dem Geschäftsmann im eleganten Anzug [...] den gräflichen Patentkleber anzubieten, einen, wie es Philipp nun vorkam, völlig lächerlichen und unnützen Gegenstand." [53]) und sich vorgeblich für ein Diktiergerät interessiert. Der Verkäufer lässt Philipp das Gerät testen, dieser murmelt in das Bandgerät Gedanken über ein Interview mit dem berühmten Schriftsteller Mr. Edwin, das er für das ‚Neue Blatt' führen soll. Als er das Band abhört, ist Philipp geschockt: „Es war eine Exhibition, eine intellektuelle Exhibition. Er hätte sich auch nackt ausziehen können. Seine eigene Stimme, die Worte, die sie sprach, erschreckten Philipp, und er floh aus dem Laden." [55] Auch in diese Passage hat der Autor Details aus seiner eigenen Biographie einfließen lassen; die Stelle liest sich wie eine Art selbstreflexive Schadenfreude.

Philipp ist zu den ihm angebotenen Verlegenheitsjobs nicht fähig. Er scheitert als Vertreter und er weiß ebenfalls nicht, für welche Art Film er angesichts des vorherrschenden Massengeschmacks ein Drehbuch hätte schreiben sollen (obwohl ihm diese von der Gräfin ursprünglich angetragene Tätigkeit ja näher liegen könnte): „[...] wer will sowas sehen? alle, so sagt man, ich glaube es nicht, ich weiß es nicht, ich will nicht!" [52] Von Koeppen selbst ist hingegen seine ganz besondere Verbindung zum Film bekannt. Er hatte sich, so seine viel strapazierte Formulierung, während der Hitlerdiktatur „beim Film untergestellt" und für die UFA und die Bavaria-Filmkunst Drehbücher verfasst. Darunter waren durchaus solche trivialen Stoffe, die Philipp mit Abscheu von sich weist. Koeppen tat dies, um dem Militärdienst zu entgehen und sich finanziell über Wasser halten zu können. Nicht ohne Stolz hat er später in zahlreichen Interviews seine Taktik mitgeteilt:

> „Ich habe eine Leistung vollbracht, eine Energieleistung, wie sonst nicht mehr in meinem Leben, um nicht Soldat zu werden. Ich habe mich eine Zeitlang beim Film untergestellt. [...] ich wurde beauftragt, Drehbücher zu schreiben. Wieder eine schizophrene Situation: ich wollte nicht, daß diese Drehbücher verfilmt werden, denn es waren nicht die Filme, die ich hätte machen wollen. Ich hätte ganz gern einmal einen guten Film gemacht, aber das war nicht möglich, damals. Ich schrieb die Drehbücher so, daß sie technisch gut waren, daß man sagte, das Drehbuch ist gut, wir können es leider nicht verfilmen, es kommt beim Propagandaministerium

nicht durch, aber wir geben Koeppen einen neuen Auftrag und stellen ihn vor dem Militär sicher."[25]

Kein einziger Film unter seiner Mitwirkung sei in dieser Zeit entstanden.[26] Auch spätere Kontakte Koeppens mit dem Film waren nicht eben von Erfolg gekrönt, obwohl er, wie in dem obigen Zitat angedeutet, keine generelle Abneigung gegen das Medium hatte. Im Gespräch mit Horst Bienek betonte Koeppen 1962, dass er „das Fernsehen, wie auch den Film, für ein Medium der Zeit und auch des Dichters in dieser Zeit"[27] halte. Aber auf die Frage, welche Erfahrung er denn mit der Filmindustrie gemacht habe (wobei sich die Frage allerdings nicht auf Koeppens Tätigkeit im NS-Regime bezog, sondern auf gegenwärtige Projekte), konnte Koeppen nur klagen: „Die betrübendsten! Erinnern Sie mich nicht daran! Auf der Leinwand erschien von mir ein einziger Satz, den eine falsche Person im falschen Augenblick mit falscher Betonung sprach. Es war schrecklich."[28]

Man kann bei Koeppen eine generelle Unbeholfenheit und Berührungsangst im Umgang mit moderner Technik konstatieren, die sich in seinem Erleben sogar zu einer tiefer gehenden Furcht vor einer Fremdbestimmtheit durch technische Apparate steigert. Darauf weisen sowohl die Störung der Mikrofonanlage bei Mr. Edwins Vortrag als auch später die Figurenkonzeption des technikbesessenen Frost-Forestier im „Treibhaus" hin. Die scheinbar harmlose Diktiergerät-Episode im Schreibwarengeschäft hat darüber hinaus, wie oben schon angedeutet, einen autobiographischen Bezug. So gibt Koeppen 1962 in einem Interview zu Protokoll: „Ich habe mir vor einiger Zeit ein Tonband gekauft. Ich dachte mir: wenn mir in schlaflosen Nächten etwas einfällt, dann kann ich das aufs Band sprechen und habe so am anderen Morgen vielleicht was drauf, was ich abschreiben kann; ich bin auch heute noch davon überzeugt, daß das möglich ist, nur: sobald ich mir das Mikrophon vor den Mund halte, verstumme ich ..."[29]

---

[25] Zur Resignation neige ich sehr. Autoren im Studio: Wolfgang Koeppen. Vorgestellt von Ekkehart Rudolph. Süddeutscher Rundfunk, Stuttgart, Sendung vom 24. September 1971. Zitiert nach: Koeppen, Wolfgang: Einer der schreibt, S. 45f.
[26] Die neueste Untersuchung von Jörg Döring (»...ich stellte mich unter, ich machte mich klein...«. Wolfgang Koeppen 1933 - 1948) belegt zwar, dass doch mindestens drei abgedrehte Filme entstanden sind, an denen Koeppen Mitautor war. Sowenig sich allerdings die genaue Menge der Koeppenschen Anteile bestimmen lässt, so schwierig wird es auch weiterhin sein, bestimmte Textpassagen Koeppen eindeutig zuzuordnen. Döring weist jedoch faktenreich nach, dass Koeppen in seinen Selbstauskünften seine tatsächlichen Aktivitäten im Filmgeschäft zumindest erheblich marginalisiert hat.
[27] Werkstattgespräch. Horst Bienek im Gespräch mit Wolfgang Koeppen. In: Merkur 16, 1962, Heft 172. Zitiert nach: Koeppen, Wolfgang: Einer der schreibt. S. 25.
[28] Ebd.
[29] Schreiben als Zustand. Christian Linder im Gespräch mit Wolfgang Koeppen. In: Text + Kritik, Heft 34, München 1972, S. 31.

Dass sich hinter Koeppens Berührungsängsten wohl auch eine politisch-moralische Komponente verbirgt, wird an einer geradezu prophetischen Aussage in Koeppens Büchnerpreisrede deutlich: „Der Schreibende, so sehr er Mikrophon und Kamera und Scheinwerfer scheuen mag, wird sich dem neuen heraufziehenden Analphabetentum von Bildzeitungen, Comicstrips, Fernsehen und auf höherer Ebene von technischen Formeln, die uns manipulieren, automatisieren, vielleicht zum Mond führen werden, stellen müssen." Ganze sieben Jahre später landete Neil Armstrong tatsächlich als erster Mensch auf dem Mond – und auch die übrigen Warnungen können mittlerweile als hellsichtig bezeichnet werden.

Die Möglichkeit von Manipulation und Automatisierung durch Technik, von einem Ausgeliefertsein, wird bei Mr. Edwins Vortrag auf die Spitze getrieben: „Die Technik rebellierte gegen den Geist, die Technik, das vorlaute, entartete, schabernacksüchtige, unbekümmerte Kind des Geistes. [...] ‚Ich bin hilflos', dachte Edwin, ‚wir sind hilflos, ich habe mich auf diesen dummen und bösen Sprechtrichter verlassen, hätte ich ohne diese Erfindung die mich nun lächerlich macht vor sie hintreten können? nein, ich hätte es nicht gewagt, wir sind keine Menschen mehr, keine ganzen Menschen, ich hätte nie wie Demosthenes direkt zu ihnen sprechen können, ich brauche Blech und Draht die meine Stimme und meine Gedanken wie durch ein Sieb pressen.'" [177]

Philipp ist, ebenso wie Edwin, entsetzt über das technische Desaster. Der Erzähler legt ihm sogar ähnliche Worte in den Mund: „‚Alles zerbricht', dachte Philipp, ‚wir können uns nicht mehr verständigen, nicht Edwin redet, der Lautsprecher spricht, auch Edwin bedient sich der Lautsprechersprache, oder die Lautsprecher, diese gefährlichen Roboter, halten auch Edwin gefangen: sein Wort wird durch ihren blechernen Mund gepreßt, es wird zur Lautsprechersprache, zu dem Weltidiom, das jeder kennt und niemand versteht.'" [193]

In dieser Situation fällt Philipp ein Film mit Charlie Chaplin ein: „Immer wenn Philipp einen Vortrag hörte, mußte er an Chaplin denken." [193] Der Hinweis spielt mit großer Wahrscheinlichkeit auf den amerikanischen Film „The great dictator" (Deutscher Titel: „Der große Diktator") von 1940 an. In dem Film, der erst im September 1958 in Deutschland Premiere hatte, erzählt Chaplin die Geschichte des tomanischen Diktators Hynkel, der mit seinen Truppen in das Nachbarland Austerlich (Österreich) einmarschiert. Zur gleichen Zeit verliebt sich ein Friseur in die Jüdin Hanna, wird dafür verfolgt und landet im Konzentrationslager. Da der Friseur dem Diktator sehr ähnlich sieht (Chaplin war bei dem Film nicht nur Produzent, Drehbuchautor, Regisseur und Filmmusik-Komponist, sondern spielte auch beide Hauptpersonen in einer Doppelrolle), gelingt ihm als Faschist verkleidet die Flucht. Anstelle Hynkels soll er eine Rede halten und bekommt so die Chance, einen eindringlichen Friedensappell an die Welt zu richten. Koeppen beschreibt Philipps Erinnerung an den Film so:

„Chaplin bemühte sich, seine Gedanken zu äußern, [...] freundliche und weise Worte in das Mikrophon zu sprechen, aber die freundlichen und weisen Worte stürzten wie Fanfarenstöße, wie laute Lügen und demagogische Parolen aus den Schalltrichtern. Der gute Chaplin am Mikrophon hörte nur seine Worte, die er in das Tonsieb sprach, er hörte seine Gedanken, er lauschte seinem Seelenklang, aber er vernahm nicht das Brüllen der Lautverstärker, es entgingen ihm ihre Simplifikationen und ihre dummen Imperative. Am Ende seiner Ansprache glaubte Chaplin sein Auditorium zur Besinnlichkeit geführt und es lächeln gemacht zu haben. Er war peinlich überrascht, wenn die Leute aufsprangen, Heil riefen und sich zu prügeln begannen." [194]

Charlie Chaplin soll angeblich Jahre nach der Filmveröffentlichung gesagt haben: „Hätte ich damals von den tatsächlichen Schrecken der deutschen Konzentrationslager gewußt, hätte ich ‚Der große Diktator' nicht machen können; ich hätte mich über den mörderischen Wahnsinn der Nazis nicht lustig machen können."[30]

So wahrscheinlich es ist, dass sich Wolfgang Koeppen auf diesen Film bezieht, so unklar bleibt, wann und wo er die Originalfassung gesehen hat, da „Tauben im Gras" bereits sieben Jahre vor dem deutschen Filmstart in die Buchläden kam. In einem Interview erwähnt Koeppen allerdings, dass er unmittelbar nach dem Krieg (wahrscheinlich 1947) von Erich Kästner den Auftrag erhielt, „für ‚Die Neue Zeitung' einen Aufsatz über den Chaplin-Film ‚Der große Diktator'" zu schreiben, „ein wichtiger und interessanter Auftrag, keine Frage"[31]. Zu dem Aufsatz kam es zwar nicht, aber möglicherweise hat Koeppen sich in diesem Zusammenhang den Film ansehen können. Die Szene, die er in „Tauben im Gras" beschreibt, gibt es allerdings so nicht. Entweder erinnerte Koeppen sich nicht richtig, oder er arbeitete die Szene für seinen Roman bewusst um, weil er davon ausgehen konnte, dass kaum jemand in Deutschland den Film kannte. In Chaplins Film wird der Diktator Hynkel unter anderem dadurch karikiert, dass er bei seinen Reden ähnlich stakkatohaft und mit rollendem „r" spricht wie Hitler, er redet allerdings in einer völlig unverständlichen Phantasiesprache. Als am Ende der „gute Chaplin", also der fälschlich für den Diktator gehaltene Friseur, am Rednerpult steht, hält er eine flammende Friedensrede, die mitnichten verfälscht aus den Lautsprechern kommt. Sie wird sogar unverfälscht im Rundfunk übertragen. Der Film endet mit Jubelrufen des Volkes über die Rede, aber niemand schreit „Heil" oder prügelt sich. Diese Szene hätte in der Weise freilich nicht in den Romanzusammenhang gepasst. Wenn keine Gedächtnislücke Koeppens für die Umge-

---

[30] Information des deutschen Filmverleihs „Kinowelt", München.
[31] Die Last der verlorenen Jahre. Ein Gespräch mit Wolfgang Koeppen von Volker Wehdeking. In: Einer der schreibt, S. 217f.

staltung der Szene verantwortlich war, könnte hier möglicherweise auch eine bewusste Kritik am positiven und – angesichts des schrecklichen Ausmaßes der Judenvernichtung – unangemessenen Filmschluss vorliegen, den Chaplin, wie oben zitiert, so sicher kein zweites Mal gedreht hätte.

1.6. Der Intellektuelle im Literaturbetrieb

Während Wolfgang Koeppen mehrfach geäußert hat, dass er gerne Journalist war, wenngleich er sich als Feuilleton-Redakteur beim „Berliner-Börsen-Courier" von Anfang an auf einer Vorstufe zum Romanautor fühlte („Wenn Hitler nicht gekommen, wenn der »Börsen-Courier« nicht eingegangen wäre, hätte ich die Redaktion wohl auch verlassen, um Bücher zu schreiben, wie ich es immer gewollt hatte."[32]), übernimmt Philipp den Reporter-Job – ein Interview mit Mr. Edwin – eher zögerlich und, abgesehen vom finanziellen Aspekt, nur aus Interesse am berühmten Autor: „Ich schätze ihn. Vielleicht wird es eine gute Begegnung." [55] Koeppen beschreibt in dem Segment, in dem sich der deutsche und der amerikanische Schriftsteller erstmals begegnen, eine für beide unangenehme Nebenwirkung der Dichtertätigkeit. In dieser an Verwechslungstragik kaum noch zu überbietenden Szenerie wird der Literaturbetrieb mit all seinem Prominentenkult, seiner Intellektuellenverehrung und der damit verbundenen Heuchelei vorgeführt. Philipp soll Mr. Edwin für das Neue Blatt interviewen und wird vor dessen Hotel von den auf den berühmten Schriftsteller harrenden Bewunderern erst für Edwin, dann für seinen Sekretär, schließlich – als Schriftstellerkollege – für einen engen Freund Edwins gehalten, der möglicherweise der Gruppe von schwärmenden Lehrerinnen oder wartenden Journalisten den Weg zum großen amerikanischen Intellektuellen ebnen kann. Während die jugendlich-attraktive Kay, die Philipp ebenfalls für einen guten Freund Edwins hält, sich aufgrund dieser Tatsache wünscht, „mit dem deutschen Dichter in seinem Eichenwald" [94] spazieren zu gehen, fühlt Philipp sich gedemütigt, weil ihm eine Aufmerksamkeit und Verehrung zuteil wird, die ihm leider nicht gilt, die er sich allerdings gern auch für sich und sein literarisches Schaffen gewünscht hätte.

Was Philipp nicht weiß (und auch der Leser erfährt es erst 68 Seiten später), ist, dass Edwin der Verehrung ebenfalls ambivalent gegenübersteht. Rational betrachtet ist ihm das Gebaren der Menge zuwider, emotional hat er dennoch das Bedürfnis, verehrt und geliebt zu werden. In einem Anfall von Lampenfieber wegen seines Vortrags reflektiert er an einer Hotelbar diese Begleiterscheinungen seiner Prominenz: „Warum hatte er sich nur darauf eingelassen? Eitelkeit! Eitelkeit! Eitelkeit der Weisen. Warum war er nicht in seiner Klause geblieben, der behaglichen mit Büchern und Antiquitäten vollgestopften Wohnung? Neid auf den Ruhm der Schauspieler, Neid auf den Beifall, mit

---

[32] Werkstattgespräch. Horst Bienek im Gespräch mit Wolfgang Koeppen. Zitiert nach: Koeppen, Wolfgang: Einer der schreibt, S. 22.

dem man den Protagonisten überschüttete, hatte ihn hinausgetrieben. Edwin verachtete die Schauspieler, die Protagonisten und die Menge, die Jugend, die Jünger, sie waren Lockung und Verführung, wenn man so lange wie Edwin am Schreibtisch gesessen und sich einsam um Erkenntnis und Schönheit, aber auch um Anerkenntnis gemüht hatte." [162f.] Edwin wiederum weiß nicht, dass Philipp ihn im Umfeld der „Jünger" wider Willen vertreten muss und die Situation mit der gleichen Ambivalenz erlebt: „Aber dennoch blieb es peinlich, daß ihm auf so anrüchige hinterhältig höhnende Weise Achtung bezeigt wurde, daß ein Philipp geachtet wurde, den es gar nicht gab, den es aber leicht hätte geben können, ein Philipp, der er hatte werden wollen, ein bedeutender Schriftsteller, dessen Werk selbst in Massachusetts gelesen wurde." [95]

1.7. Beruf und Berufung

Wenn Wolfgang Koeppen das Schwanken des Intellektuellen zwischen abgeklärter Bescheidenheit und allzu menschlicher Eitelkeit zur Sprache bringt, darf man annehmen, dass Edwins und Philipps Reflexionen weitgehend dem Koeppenschen Erfahrungshorizont entsprechen. Philipp hält seinen spontanen Wunsch, „selbst in Massachusetts" gelesen zu werden, kurz darauf für einen dummen Gedanken, weil Massachusetts für einen deutschen Schriftsteller genau so fern und genau so nah sei wie Deutschland: „Der Schriftsteller stand in der Mitte, und die Welt um ihn war überall gleich fern und nah, oder der Schriftsteller war außen, und die Welt war die Mitte, war die Aufgabe, um die er kreiste, etwas nie zu Erreichendes, niemals zu Bewältigendes, und es gab keine Ferne und keine Nähe." [96] Dieses Nicht-bewältigen-können der Aufgabe des Schriftstellers hat Martin Hielscher bereits in „der nervösen Atemlosigkeit der Sprache" ausgemacht. Hielscher fügt hinzu: „Dennoch bleibt in den Romanen die Vorstellung einer privilegierten Deutungsperspektive des einzelnen, einsamen Künstlers erhalten. Gerade diese traditionelle Position, die in Koeppens Romanen in ironischen, grotesken und tragischen Szenen reflektiert und gebrochen wird, ihre Verzweiflung aber wesentlich motiviert, unterscheidet den Roman radikal von den Vorbildern in der Moderne."[33]

In dem bereits erwähnten Segment „Philipp kam mit der Zeit nicht zurecht" [19] wird Philipp als ein „außerhalb dieses Ablaufs der Zeit" Stehender beschrieben, „nicht eigentlich ausgestoßen aus dem Strom" [20], aber auf einen einsamen Beobachterposten gestellt. Hielscher: „Diese Stelle macht deutlich, daß Philipp – und mit ihm Koeppen – gerade den Zugriff auf das ‚Wesen' einer Zeit als problematisch empfindet."[34] Auch hier die Ambivalenz: Hielscher ist zwar grundsätzlich zuzustimmen, aber Koeppen behauptet in seinem Vorwort zur 2. Auflage der „Tauben im Gras" ja nichts Geringeres als: „Diese Zeit, den Urgrund unseres Heute, habe ich geschildert, und ich möchte nun

---

[33] Hielscher, Martin: Wolfgang Koeppen. Verlag C. H. Beck, München 1988, S. 78.
[34] Ebd., S. 86.

annehmen, sie allgemeingültig beschrieben zu haben [...]." [7] Der Schriftsteller als privilegierter Seher und gleichzeitig als wirkungslose und unnütze Instanz – zwischen diesen beiden Polen schwankt Koeppen unentwegt, im Geschriebenen wie als Schreibender.

Eine dritte Kategorie kommt hinzu, die Koeppen Philipp in den Mund legt: „[...] er war schließlich nur jemand, der sich Schriftsteller nannte, weil er in den Einwohnerakten als Schriftsteller geführt wurde [...]." [96] Auch für diese Reduzierung des Schriftstellers auf eine austauschbare, die Existenz materiell sichernde Tätigkeit gibt es Parallelstellen in Interviews mit Wolfgang Koeppen:

> „Da ich Schriftsteller geworden bin, da ich vom Schreiben lebe oder es versuche, hängt meine Existenz, mein Wohl- oder Schlechtleben von diesen Käufern meines Buches ab. Ein blödsinniger Zustand. Da ich in einer kapitalistischen Gesellschaft lebe, wäre ich gern ein Erbe (wie die Franzosen Gide, Flaubert, Proust), der nicht vom Schreiben leben müßte, und damit ein viel besserer Schriftsteller, viel fleißiger, frei vom falschen Zwang zur Produktion, weil die Miete zu zahlen ist, und es wäre mir dann gleichgültig, ob ich einen oder tausend Leser hätte, und der eine wäre mir lieb."[35]

Einen eher heiteren Beleg für die Tatsache, dass Koeppen unter der Berufsschriftstellerei gelitten hat, liefert er mit der Schilderung eines (Alb-)Traums: „Ich liege ja schlaflos und träume von meinem Verleger, von Herrn Unseld, sehe ihn in seinen Verlagsräumen sitzen vor einem leeren Schreibtisch, und man trägt die Möbel aus dem Verlag heraus, sie werden gepfändet, und auch den Schreibtisch zieht man ihm schließlich weg, und Herr Unseld sitzt völlig verzweifelt und verarmt da, nur weil ich das Manuskript nicht abgegeben habe ... – das ist ein wirklicher Traum von mir ..."[36]. Es bleibt allerdings die spannende Frage – sie muss freilich unbeantwortet bleiben –, ob Koeppen ohne äußeren Druck überhaupt etwas zu Papier gebracht hätte, oder vielmehr: zur Veröffentlichung freigegeben hätte.

Zurück zu Philipp: Er flieht vor dem Menschenpulk, der über ihn zu Edwin gelangen will und findet sich im Hof des Hotels wieder, wo kurz darauf auch Mr. Edwin eintrifft – ebenfalls auf der Flucht. Beide sprechen kein einziges Wort miteinander, Koeppen lässt das Weitere in ihren Köpfen ablaufen. Edwin hält Philipp zunächst „für sein Spiegelbild, für seinen Doppelgänger, eine sympathisch-unsympathische Erscheinung" [102f.]. Sofort bemerkt er die

---

[35] Selbstanzeige. Schriftsteller im Gespräch: Wolfgang Koeppen und Horst Krüger. Zitiert nach: Koeppen, Wolfgang: Einer der schreibt, S. 33.
[36] Schreiben als Zustand. Christian Linder im Gespräch mit Wolfgang Koeppen. In: Text + Kritik, Heft 34, München 1972, S. 20.

Absurdität seines Gedankens und ist sich dennoch sicher, dass sein Gegenüber ein Schriftsteller ist, ein „Dichter aus dem Lande Goethes und Platens" [103].

Philipp hingegen erkennt Edwin sofort und sieht die Chance gekommen, sein Interview für das Neue Blatt zu führen. Er erhofft sich überdies Erhellendes für seine eigene Existenz: „Edwin und ich, wir wollen uns unterhalten, wir werden uns verstehen; vielleicht wird er mir sagen, was ich bin." [103] Doch dann erscheint Philipp die Situation zu lächerlich, um Edwin anzusprechen. Edwin hingegen projiziert seinerseits Erwartungen auf sein Gegenüber: „wenn dieser Mann jung wäre, könnte er ein junger Dichter sein, ein Verehrer meines Werkes" [103]. Wie Philipp schämt sich auch Edwin sofort für die Lächerlichkeit seines Gedankens. So stehen sie sich schweigend gegenüber und sind sich gedanklich näher, als sie ahnen. Aus dem Schweigen werden sie jäh vom Hotelportier gerissen, der sie anspricht. Beide schleichen wie geprügelte Hunde von dannen und der Erzähler lässt sie an der Kontrolluhr des Personals vorübergehen, „dem mechanischen Sklavenhalter, dem sie beide sich nie unterworfen hatten, und der Portier [...] dachte ‚Pack' und ‚Nichtstuer'." [104]

Auch hierin verbirgt sich eine selbstreflexive Anspielung auf die Stellung des Schriftstellers in einer Gesellschaft, in der „Arbeit" ausschließlich nach Stunden und körperlicher Kraftanstrengung gemessen wird. So beschreibt Koeppen 1952 in einem Interview seine Arbeitsweise: „Bevor ich ein Buch schreibe oder zu schreiben beginne, gehe ich durch die Städte oder durch die Stadt, in der ich lebe, und denke darüber nach. Ich muß dann allein sein, ich nehme auch nicht teil an dem Leben der Stadt, ich gehe als ein Außenseiter durch die Straßen, sitze in den Lokalen und beobachte die Menschen. Das ist meine produktive Zeit. [...] Wenn ich schreibe, sagen Leute aus meiner Umgebung, jetzt ist er endlich fleißig, dieser faule Mensch, während sie sonst denken, wenn ich meine produktive Zeit habe, daß ich wahnsinnig faul bin und nur spazierengehe."[37]

Genau 20 Jahre später gehört der Komplex „Schreiben als Broterwerb" nach wie vor zu den zentralen Themen der Koeppenschen Selbstreflexion. Im Gespräch mit Angelika Mechtel äußert er 1972: „Man wußte doch, worauf man sich eingelassen hat, diese absurde, diese unmittelbare Existenz, diese Danebenposition in der Arbeitswelt, dieses Gegendasein in einer kapitalistischen Ordnung, dieses den Unterhalt auf Einfälle bauen, auf die Hirngespinste eines Kopfes, auf eine Ahnung von Sprache, Schönheit, Elend, Folter, Tod, auf die menschliche Tragödie, auf eine Ware ohne Nachfrage auf einem künstlichen Markt."[38]

---

[37] Von der Lebensdauer des Zeitromans. Gespräch zwischen Wolfgang Koeppen, Hans Georg Brenner, Anne Andresen. Süddeutscher Rundfunk, Stuttgart, Sendung vom 6. Mai 1952. Zitiert nach: Koeppen, Wolfgang: Einer der schreibt, S. 17.
[38] Der Schriftsteller arbeitet ohne Netz. Angelika Mechtel: Alte Schriftsteller in der Bundesrepublik. Gespräche und Dokumente. München 1972. Zitiert nach: Koeppen, Wolfgang: Einer der schreibt, S. 54f.

Im weiteren Verlauf des Gesprächs geht Koeppen noch stärker auf die arbeitsrechtlichen, bürokratischen Normalitäten eines Berufslebens ein, die dem Künstlerdasein jedoch zuwiderlaufen: „Der Schriftsteller ist vogelfrei. Gesellschaftlich gesehen gehört er zu den Asozialen, den Bettlern, den Landstreichern, den Verrückten. Ich habe mich dieser Klasse nie geschämt. Vielleicht ist es eine Auszeichnung. Der Schriftsteller arbeitet ohne Netz. In einem Versicherungsstaat ist er ungeschützt. Er hat kein Pensionsalter, es erwartet ihn keine Rente; so bleibt er jung. Ich bejahe für mich das Schreiben bis zum Tod. Aber das ist nicht jedem gegeben, das wäre Gnade, das hält nicht jeder aus."[39] Diese Einschätzung spiegelt Koeppen in Philipp in mehrerlei Hinsicht, wenn er ihn etwa, wie schon erwähnt, im ersten Segment in einem asozialen Milieu auftreten lässt. Oder wenn er den (im Gegensatz zu Philipp) immerhin von einem Publikum anerkannten Mr. Edwin in der Beschimpfung des Portiers mit einbezieht: „Pack und Nichtstuer". Man muss dieses Schriftstellerverständnis nicht auf die Figuren in „Tauben im Gras" reduzieren, sondern darf Koeppen hier eine gewisse Grundtendenz unterstellen. Ihr inhärent ist aber wiederum auch der Glaube an einen privilegierten Standpunkt. Die Formulierung „Vielleicht ist es eine Auszeichnung" findet sich beinahe identisch beim auf den Beobachterposten berufenen Philipp: „Einen ehrenvollen Posten vielleicht" [20]. Man wird bei Koeppen solche und ähnliche Aussagen niemals ohne das „vielleicht" finden. Die Frage nach dem Schriftsteller und seiner Position als privilegierter Beobachter hat offenbar sowohl seinen Antrieb als auch seine Verzweiflung begründet.

Obwohl zwischen Philipps Begegnung mit Edwin und dem nächsten Philipp-Segment 30 Buchseiten liegen, knüpft Koeppen beinahe nahtlos an die „Berufs"-Thematik an. Philipp, der bei dem Psychiater Dr. Behude auf der Couch liegt, sich allerdings von der Behandlung nichts verspricht, soll sich entspannen und an Urlaub denken. Das misslingt natürlich:

> „Er hatte keinen Urlaub. Er hatte noch nie in seinem Leben Urlaub gehabt. Das Leben beurlaubte Philipp nie. [...] Er dachte immer an eine große Arbeit, die er beginnen und die ihn vollkommen erschöpfen würde. Er bereitete sich in Gedanken auf diese große Arbeit vor, die ihn anzog und erschreckte. Er konnte mit Recht sagen, die Arbeit lasse ihn nicht los; sie quälte und beglückte ihn, wo er ging und wo er stand und selbst wenn er schlief; er fühlte sich zu dieser Arbeit aufgerufen; aber er tat nie oder nur sehr selten wirklich etwas; er versuchte es nicht einmal. Und so betrachtet, war sein Leben bisher ein einziger langer Urlaub gewesen, ein schlecht verbrachter Urlaub [...]" [134].

---

[39] Der Schriftsteller arbeitet ohne Netz. Angelika Mechtel: Alte Schriftsteller in der Bundesrepublik. Zitiert nach: Koeppen, Wolfgang: Einer der schreibt, S. 54f.

Koeppen hat nie eine andere Auffassung vertreten, als dass sich der Beruf des Schriftstellers mit einem „bürgerlichen Beruf" nicht vergleichen und vor allem nicht vereinbaren lässt. Wie konstant er an dieser Fragestellung arbeitete, belegt bereits eine frühe Veröffentlichung Koeppens aus dem „Berliner Börsen-Courier". Am 19. September 1933 schreibt er unter dem Titel „Der Beruf des Schriftstellers":

> „Der Beruf des Schriftstellers ist in seinen Anfängen immer mehr eine Berufung als ein Beruf. [...] Wenn einer Apotheker werden will oder Dachdecker, dann läßt sich mit einer gewissen Wahrscheinlichkeit voraussagen, daß der junge Mann in einer bestimmten Anzahl von Jahren ein Dachdecker oder ein Apotheker zumindest von der Mittelmäßigkeit der anderen Dachdecker oder Apotheker sein wird. Der Jüngling, der Schriftsteller zu werden wünscht, geht aber einen Weg ins Dunkel und muß dem Zufall vertrauen. [...] Der Schriftsteller im bürgerlichen Beruf wird seinen Arbeitgeber nicht zufriedenstellen, da, wenn er eben wirklich ein Schriftsteller ist, seine schriftstellerische Arbeit ihn beschäftigt und der bürgerliche Broterwerb nur als Störung empfunden wird. [...] Der junge Schriftsteller (vorausgesetzt, er ist einer!) steht in einer harten und kämpfenden Welt, die er hart und kämpfend erlebt. Was soll er tun, um nicht unterzugehen und um das aufschreiben zu können, was er fühlt? Die Frage ist nicht zu lösen."[40]

Dieser Artikel verdient Aufmerksamkeit, weil er sehr genau beschreibt, wie ein Schriftsteller („vorausgesetzt, er ist einer!") lebt oder zu leben hat. In seinem Text nennt Koeppen das Beispiel von Autoren, die nebenbei für ihren Unterhalt journalistisch arbeiten und differenziert zwischen diesen beiden schreibenden Tätigkeiten insofern, als dass ein guter Journalist nicht automatisch ein guter Schriftsteller sein muss und umgekehrt. Koeppen weiß offenbar, sowohl was einen guten Journalisten als auch einen guten Schriftsteller auszeichnet. Der 27-Jährige legt hier – wohl in jugendlichem Leichtsinn – einen ungewohnt überheblichen Ton an den Tag („Gewiß, es gibt Dilettanten! Labile Minderwertige, die den Ruhm suchen und sich berufen glauben."[41]). Der Artikel ist ein mutiger (und leicht anmaßender) Text für einen Feuilleton-Redakteur, der ein Jahr später mit „Eine unglückliche Liebe" sein Romandebüt vorlegen wird, also zu dem Zeitpunkt zwar Journalist, aber noch kein (an die Öffentlichkeit getretener) Schriftsteller ist.

Koeppen hat offenbar seine grundlegende Position zum Verständnis der Schriftstellerexistenz seit seinen literarischen Anfängen nicht wesentlich geän-

---

[40] Vom Beruf des Schriftstellers. Zuerst in: »Berliner Börsen-Courier«, Nr. 438 vom 19. September 1933. Zitiert nach: GW 6/46ff.
[41] Ebd.

dert. So ist es nur folgerichtig, dass sein Alter Ego Philipp unentwegt mit der Frage seiner schriftstellerischen „Berufung" beschäftigt ist und darüber leider nicht zum Schreiben kommt. Von Martin Hielscher stammt der einleuchtende Hinweis, dass Wolfgang Koeppen mit dem Roman „Tauben im Gras" der Triumph über seine Figur gelingt: „'Tauben im Gras' ist genau der Roman, den Philipp nicht schreibt."[42]

Philipp versucht zwar, sich seiner Berufung zu stellen, ist sich aber gleichzeitig bewusst, dass er ihr nicht gewachsen sein wird. Als er abends durch die Stadt spaziert und die Menschen beobachtet (Koeppens „produktive Zeit"), lässt ihn der Erzähler in einem Wechselspiel von erlebter Rede und innerem Monolog das Spannungsverhältnis zwischen seiner Rolle als Beobachter, der meinungsbildend in der Gesellschaft wirken kann, und der als „normalem" Bürger, der Meinungen ausgesetzt ist, abtasten:

„Philipp war nicht wetterwendischer als andere; im Gegenteil, er war ein Sonderling. Aber selbst er hätte mit jedem Schritt und mehr als tausendmal am Tag seine Meinung zu den Verhältnissen in der Welt ändern können. ‚Überschaue ich es denn', dachte er, ‚kenne ich die Rechnung der Politik? die Geheimnisse der Diplomaten? ich freue mich, wenn einer zum andern flieht und die Karten etwas durcheinanderbringt, die Macher werden dann das Gefühl haben, das wir haben, das Gefühl der Hilflosigkeit, kann ich die Wissenschaft noch verstehen? kenne ich die letzte Formel des Weltbildes, kann ich sie lesen?' Alle, die da auf der Straße gingen, radelten, fuhren, Pläne machten, Sorgen hatten oder den Abend genossen, alle wurden sie ständig belogen und betrogen, und die Auguren, die sie belügen und betrügen, waren nicht weniger blind als die einfachen Leute. Philipp lachte über die Dummheit der politischen Propaganda. Er lachte über sie, obwohl er wußte, daß sie ihn das Leben kosten konnte. Aber die andern auf der Straße? Lachten sie auch? War ihnen das Lachen vergangen? Hatten sie im Gegensatz zu Philipp keine Zeit zu lachen? Sie erkannten nicht, wie schlecht das Futter war, das man ihnen vorwarf, und wie billig man sie kaufen wollte. ‚Ich bin leidlich immun gegen Verführungen', überlegte Philipp, ‚und doch, ich höre einmal hier ein Wort, das mir gefällt, und manchmal von der anderen Seite einen Ruf, der noch besser klingt, ich spiele immer die lächerlichen Rollen, ich bin der alte Tolerante, ich bin für das Anhören jeder Meinung, wenn man schon auf Meinungen hören will, aber die ernsten Leute regen sich nun auf beiden Seiten auf und brüllen mich an, daß meine Toleranz gerade die Intoleranz fördere, es sind feindliche Brüder, beide intolerant bis auf die Knochen,

---

[42] Hielscher, Martin: Zitierte Moderne. Poetische Erfahrung und Reflexion in Wolfgang Koeppens Nachkriegsromanen und in „Jugend". Carl Winter Universitätsverlag, Heidelberg 1988, S. 70.

beide einander gram und nur darin sich einig, daß sie meinen schwachen Versuch, unbefangen zu bleiben, begeifern, und jeder von ihnen haßt mich, weil ich nicht zu ihm gehen und gegen den andern bellen will, ich will in keiner Mannschaft spielen, auch nicht im Hemisphärenfußball, ich will für mich bleiben.' Es gab noch Hoffnung in der Welt: *Vorsichtige Fühler, kein Krieg vor dem Herbst –* „ [156f.]

Der Zynismus, der aus der bitteren „Hoffnungs"-Schlagzeile „kein Krieg vor dem Herbst" herüberweht, lenkt den Blick auf eine neue Instanz, die den Dichtern die Notwendigkeit oder den Alleinanspruch, Korrektiv der Gesellschaft zu sein, entreißen will oder schon entrissen hat: die Presse.

1.8. Journalisten als Auguren der Moderne

Immer wieder tauchen im Roman eingeschobene Zeitungsüberschriften auf, kenntlich gemacht durch Kursivdruck. Sie bestimmen die öffentliche Meinung und sind die Produkte der eingeweihten und wissenden „Auguren" der Neuzeit. Viermal bemüht Koeppen das Bild der „Auguren". Bereits im ersten Absatz auf der ersten Romanseite „lächelten" die Auguren angesichts der „unheilkündenden Vögel" [9] über der Stadt und angesichts der Bombenschächte in den Flugzeugen, die „noch" leer waren. Während hier im Nebulösen bleibt, wer diese Auguren sind, wird einige Szenen später ein Bezug zu den modernen Massenmedien, speziell zum Kino, hergestellt: „Schorschi, Bene, Kare und Sepp warten auf den Trommler. Sie warten in der Dämmerung des Kinos. Der letzte Bandit. Sie sind bereit; bereit zu folgen, bereit zu kämpfen, bereit zu sterben. Es braucht kein Gott zu sein, der sie ruft, ein Plakat auf allen Mauern, eine grade gängige Larve, ein Bärtchen mit Markenschutz, kein lächelnder Augur [...]" [22]. Die vier Jungen, ehemals „kleine Hitlerjungen", sitzen morgens schon im Kino, haben keine Lehrstelle und keine Arbeit und „verdienen" sich das Eintrittsgeld für den Kinobesuch als Kleinkriminelle. Sie sind zu sehen als Prototypen einer desillusionierten Jugend, die den Satz „Soldatentod ist der schönste Tod" noch verinnerlicht hat und in der Welt des Kinos mit dem Kassenschlager „Der letzte Bandit" ein ähnliches Heroentum vorgeführt bekommt. Die Flucht aus der nicht überwundenen Vergangenheit führt geradewegs in eine Gleichgültigkeit, die eine weiterhin bestehende Bereitschaft zu kämpfen und zu sterben nicht ausschließt. Sie brauchen dafür nicht einmal einen neuen Hitler („ein Bärtchen mit Markenschutz"), und auch das Lächeln der Auguren erreicht und interessiert sie nicht.

Nur ein einziges Mal werden Schriftsteller als Auguren bezeichnet. In Mr. Edwins Vortrag, auf den an anderer Stelle noch näher eingegangen wird, fühlt Philipp sich im Publikum als einzig Verstehender. Während alle anderen schlafen, gerät die Rede über den „europäischen Geist" zum Augurengespräch zwischen Edwin und Philipp – zwei Eingeweihte und Seelenverwandte unter sich. Viermal die Erwähnung von Auguren, einmal sind Schriftsteller gemeint:

Allein dieses quantitative Verhältnis unterstreicht, dass der Schriftsteller als Mahner und Seher abgedankt hat und andere diesen Platz eingenommen haben. Weitere bittere Ironie: Edwin wird später von Schorschi, Bene, Kare und Sepp überfallen und verprügelt; der „europäische Geist" wird zu Boden gerungen.

Der Roman endet, wie er begonnen hat: mit Nachrichten, die nicht „wärmen". Die Schlagzeilen der Zeitungen werden als „Morgenspruch der Auguren" [210] an die Wände der Kioske gehängt. Die Journalisten werden als die Seher der Moderne vorgeführt, die die Welt mit Druckerschwärze schwarzmalen: „Die Zeitungsleute hatten das Unheil umbrochen, Unglück, Not und Verbrechen; sie hatten Geschrei und Lügen in die Spalten gepreßt." [210] Der Erzähler bäumt sich auf gegen die neuen Seher, er glaubt, dass die Nachrichten nach wie vor voller Lügen und Propaganda sind, und weiß aber ebenso, dass die Schlagzeilen von den Menschen allzu oft für bare Münze genommen werden: „Die Rotationsmaschinen liefen. Ihre Walzen preßten auf das Band des weißen Papiers die Parolen des neuen Tages, die Fanale der Torheit, die Fragen der Furcht und die kategorischen Imperative der Einschüchterung" [210].

Und doch ist der Romanerzähler wieder einen Schritt weiter als sein Held. Denn mit dem Roman behält der Schriftsteller die Oberhand, versucht die „neuen" Auguren zu enttarnen und setzt ihnen seine literarische Wirklichkeit entgegen. Im Vorwort zur 2. Auflage schildert Koeppen die Seelenlage der Nation mit einem Satz bereits weitaus abgeklärter als im Roman. Mit mildem Sarkasmus heißt es da: „[...] der Kopf war von Hunger und Bombenknall noch etwas wirr, und alle Sinne suchten Lust, bevor vielleicht der dritte Weltkrieg kam." [7] Während also Philipp die Situation lediglich registriert und den Hang zur trivialen Ablenkung ablehnt, ohne schreibend darauf zu reagieren, schafft es Koeppen, seinen inneren Philipp zu überwinden und so der unheilvollen Entwicklung einen Roman entgegenzusetzen, der den „Urgrund unseres Heute" [7] beschreibt; allgemeingültig, wie Koeppen annimmt.

1.9. Der Schriftsteller als Anwalt der Unterdrückten

Es gibt eine weitere Textstelle, die der Literatur einen kleinen Sieg verschafft; eine so unscheinbare Stelle, dass sie leicht überlesen wird und auch in der Forschung offenbar keine große Beachtung gefunden hat. Während entgegen der resignativen Grundstimmung des Romans der „Neger" Washington Price von den meisten Koeppen-Forschern übereinstimmend als einzige hoffnungsvolle Figur mit einer konkreten Utopie erkannt wurde, weil er von seiner kleinen Bar „Washington's Inn" mit der Aufschrift „niemand ist unerwünscht" [59] träumt, beschreibt Koeppen mit der Amerikanischen Bibliothek eine Vorstufe dieser Utopieverwirklichung: „Die Amerikanische Bibliothek war eine herrliche Einrichtung. Ihre Benutzung war völlig kostenlos. Die Bibliothek stand jedermann offen, fast war sie Washington's Inn, fast das Lokal, das der Neger und amerikanische Bürger Washington Price in Paris eröffnen wollte, das Lokal, in dem niemand unerwünscht ist." [173] Koeppen, für den der Schriftsteller im Idealfall auf der Seite der Benachteiligten steht („Aber ich sah den Dichter, den Schriftsteller bei den Außenseitern der Gesellschaft, ich sah ihn als Leidenden, als Mitleidenden, als Empörer, als Regulativ aller weltlichen Ordnung, ich erkannte ihn als den Sprecher der Armen, als den Anwalt der Unterdrückten, als den Verfechter der Menschenrechte gegen der Menschen Peiniger [...]."[43]), zeichnet auch die Bibliothek als wärmenden Hort der Mühseligen und Beladenen: „Der Lesesaal übte eine ungeheure Anziehungskraft auf Obdachlose, Wärmeschinder, Sonderlinge und Naturmenschen aus." [173]

Abgesehen davon, dass Koeppen die so genannten Naturmenschen derart typisierend und ironisierend beschreibt („Die Naturmenschen kamen barfuß, in handgewebtes Linnen gehüllt, mit langem Haupthaar und wildem Bart. Sie verlangten Werke über Hexen und böse Blicke, Kochbücher für Rohkostspeisen, Broschüren über das Leben nach dem Tode und über die Übungen indischer Fakire, oder sie vertieften sich in die letzten Veröffentlichungen der Astrophysik. Sie waren kosmologische Geister und aßen Wurzeln und Nüsse. Die Bibliothekarin sagte: ‚Ich erwarte immer, daß sich einer bei mir die Füße wäscht; aber sie waschen sich nie.'" [173]), dass man sich wundern muss, wie sich manche Klischees hartnäckig über 50 Jahre oder noch länger halten können, stellt er die zumeist asozialen Besucher der Bibliothek in direkten Kontrast zu den Besuchern des Vortrages von Mr. Edwin, in dem es ja immerhin auch überwiegend um Literatur geht. Koeppen setzt damit die öffentliche Amerikanische Bibliothek, in der die unterschiedlichsten Bücher der unterschiedlichsten Weltanschauungen für jedermann erhältlich sind, bewusst ab von der „konservative[n], elitäre[n], christlich-moralische[n] Kulturideologie"[44] des berühmten amerikanischen Schriftstellers Edwin.

Edwins Vortrag ist nämlich kein rein literarisches, sondern ein „gesellschaftliches Ereignis". Das Publikum schildert Koeppen entsprechend ironisch: „ein paar Künstler [...], die aus existenziellen Gründen Vollbärte trugen und ihre Baskenmützen nicht vom Kopf nahmen" [173], gehören beispielsweise zu den Gästen. Ebenso „ein Gerichtsvollzieher, der Literaten zu seiner Klientel zählte und so auf die schiefe Bahn geraten war" [174]; es wird zwar nicht mitgeteilt, wie und auf welche schiefe Bahn, aber die bloße Feststellung knüpft wiederum an die bereits erwähnte Position Koeppens an, dass der „wahre" Schriftsteller nur als Gegenentwurf zum bürgerlichen Arbeitnehmer denkbar ist.

---

[43] Koeppen, Wolfgang: Rede zur Verleihung des Georg-Büchner-Preises. In: GW 5/257.
[44] Hielscher, Martin: Wolfgang Koeppen, S. 86.

1.10. Mr. Edwins Vortrag

„Sie alle waren an Europas Geist interessiert", spottet der Erzähler über die Besucher von Edwins Vortrag. Wie groß das Interesse ist, wird daran deutlich, dass am Ende außer Philipp und einigen Priestern alle Gäste eingeschlafen sind. Doch obwohl alle schlafen, ist der Vortrag eine zentrale Stelle im Roman, auf den die zuvor kunstvoll montierten Beziehungsgeflechte der einzelnen Personen zulaufen. Ähnlich wie in Siegfrieds Konzert in „Der Tod in Rom" (und mit Einschränkungen auch wie bei der Bundestagsrede von Keetenheuve in „Das Treibhaus") treffen sich alle Hauptpersonen zur selben Zeit am selben Ort. Mehr als das Publikum soll uns jedoch der Inhalt von Mr. Edwins Rede interessieren; darf man doch davon ausgehen, dass Koeppen der Szene eine Schlüsselbedeutung beigemessen hat. Edwin, der für die Literaturwissenschaft übereinstimmend „die geistige Physiognomie T. S. Eliots, aber auch Gustav Aschenbachs aus Thomas Manns Novelle ‚Der Tod in Venedig' trägt"[45], nennt in seiner Rede große Namen: Homer, Vergil, Dante, Goethe, Augustin, Anselm, Thomas, Pascal, Kierkegaard. Außer über Kierkegaard, dessen These „die Christenheit sei nur noch ein Schein" Edwin entgegenhält, dass „dieser Schein, der vielleicht letzte Abendschein des müden Europas, das einzige wärmende Licht in der Welt"[46] [196] sei, erfahren wir nichts über das Denken der großen Denker vergangener Epochen. Die Zuhörerschaft auch nicht, denn sie schläft bereits. Als Philipp die Tragik des technischen Defekts in der Lautsprecheranlage registriert, stellt er – teils entsetzt, teils ernüchtert – fest: „Der Vortrag würde völlig folgenlos bleiben." [194] Diese Aussage ist nicht nur darauf bezogen, dass die Zuhörer Edwins Rede rein akustisch nicht verstehen können, auch inhaltlich hat er ihnen nichts zu sagen.

Mit großen Erwartungen war sein Vortrag im Radio angekündigt worden. Eine englische Stimme („die Stimme eines Philologen") „wies auf Edwins Bedeutung und seinen Vortrag im Amerikahaus hin. Die Stimme schilderte es als ein Glück für Deutschland, daß Mr. Edwin, ein Kreuzfahrer des Geistes, in die Stadt gekommen sei, um hier für den Geist, die Tradition, für die Unvergänglichkeit des Geistes, für das alte Europa zu zeugen, das seit den Tagen der Französischen Revolution, die Stimme zitierte Jacob Burckhardt, in seiner gesellschaftlichen und geistigen Ordnung erschüttert und in einem Zustand des andauernden Zuckens und Bebens sei. War Edwin gekommen, die Erschütterung zu bannen, die Unordnung zu ordnen und, freilich im Sinne der Tradition, neue Tafeln eines neuen Gesetzes zu errichten?" [172]

Ähnlich wie Edwin sich auf die intellektuelle Elite früherer Generationen beruft, führt der Rundfunksprecher die aktuelle geistige und gesellschaftliche

---

[45] Hielscher, Martin: Zitierte Moderne, S. 54.
[46] Vgl. eine Radioansprache von T. S. Eliot an die Deutschen: „Ich glaube, daß die europäische Kultur das völlige Erlöschen christlicher Religiosität nicht überleben könnte". Eliot, T. S.: Beiträge zum Begriff der Kultur (1946/1949). Zitiert nach: Quack, Josef: Wolfgang Koeppen, S. 117.

Unordnung auf die französische Revolution zurück. Der Nationalsozialismus wird bei beiden mit keiner Silbe erwähnt, obwohl 1951 die Auswirkungen allein an den zerstörten Gebäuden noch höchst sichtbar waren; der Flächenbrand des Zweiten Weltkrieges schwelte noch. Für diese bewusste Auslassung gibt es zwei Deutungsmöglichkeiten. Josef Quack vertritt die eine: „Offen und geradeheraus wird eine [...] dichterische Weltauffassung kritisiert: die geistige Restauration und der humanistische Konservativismus"[47]. Dieser Interpretation muss man zumindest entgegenhalten, dass eine solche Kritik keineswegs offen ausgesprochen wird. Der Erzähler bleibt neutral und Philipp verehrt Edwin sogar, er sieht „Größe in seinem Vortrag" [197]. Quack begründet seine These mit dem Ausfall der Mikrofonanlage, doch wie bereits erwähnt, ist die Funktion des technischen Defekts eher eine andere: Er warnt vor der Gefahr einer technisierten Welt, warnt vor einer Fremdbestimmung durch Apparate und kann außerdem noch gesehen werden als ein weiterer Beleg für die misslingende Kommunikation, die sich durch das ganze Buch zieht. Dass damit auch eine inhaltliche Kritik an Edwins Vortrag verbunden sein könnte, wäre zumindest nur eine von mehreren Bedeutungsschichten. Man darf davon ausgehen, dass bei jeder anderen Rede die Technik ebenfalls ausgefallen wäre, auch bei einer für den Erzähler zustimmungswürdigen Rede.

Die andere Deutung: Der Nationalsozialismus wird deswegen nicht explizit erwähnt, weil er für den Autor einer bis in die Antike zurückgehenden historischen Grundstruktur folgt. Aus einem pessimistischen Geschichtsbild heraus kann der deutsche Faschismus als – freilich besonders monströse – Variante eines stets wiederkehrenden Musters verstanden werden. Dafür spricht, dass Koeppen sein ganzes Werk mit einer Fülle von mythologischen Verweisen durchwoben hat. Ich möchte hier Martin Hielscher folgen, der Koeppen keine Ironisierung des Mythischen unterstellt, sondern meint, dass der Rückbezug auf Mythen „unmittelbare Welt- und Geschichtsdeutung [ist]: die Welt ist so schicksalhaft geschlossen und unfrei wie im Mythos, die Geschichte ist eine Folge von Katastrophen."[48] In eine ähnliche Richtung geht die Einschätzung von Susanne Fischer, die daraus überdies eine formal-ästhetische Konsequenz ableitet: „Die ganz großen, ganz alten Erzähl-Muster sind es, in denen sich auch die jüngste Vergangenheit wieder fangen läßt. Zugleich verweist *Tauben im Gras* formal und auch durch seinen Titel auf die modernste anglo-amerikanische Literatur. Angeknüpft wird so an zwei völlig verschiedene Traditionen, die eines gemeinsam haben: Sie wurden nicht durch den Nationalsozialismus korrumpiert."[49]

---

[47] Quack, Josef: Wolfgang Koeppen, S. 117.
[48] Hielscher, Martin: Wolfgang Koeppen, S. 85.
[49] Fischer, Susanne: Vom Mißverstehen. Schriftsteller und Literatur in Wolfgang Koeppens *Tauben im Gras* und Arno Schmidts *Brand's Haide*. Unveröffentlichtes Redemanuskript; Beitrag zu der Koeppen-Tagung „Ich ging Eulenspiegels Wege" in Rendsburg, Juni 2001.

Vor diesem Hintergrund wird plausibel, dass den Auguren eine zentrale Bedeutung zukommt. Philipp über Edwin: „Edwin ist einer von den rührenden hilflosen gequälten Sehern, er sagt uns nicht, was er sieht, was er sieht ist furchtbar, er versucht einen Schleier vor sein Gesicht zu ziehen, nur manchmal lüftet er den Schleier vor dem Grauen, vielleicht gibt es kein Grauen, vielleicht ist nichts hinter dem Schleier, er spricht nur für sich, vielleicht spricht er noch für mich, vielleicht für die Priester, ein Augurengespräch, die andern schlafen." [197]

Edwin beschwört dann, wie vom Rundfunkreporter angekündigt, den europäischen Geist. Was diesen ausmacht, erfährt der Leser nicht, dafür aber, dass Edwin sich damit „gegen einen Ausspruch der seinen Zuhörern völlig unbekannten amerikanischen Dichterin Gertrude Stein" wendet, „von der erzählt wird, daß Hemingway bei ihr zu schreiben gelernt habe" [198]. Stein und Hemingway sind Edwin gleichermaßen unsympathisch, weil er sie für „Boulevardiers, zweitrangige Geister" hält. Wenn Koeppen sich inhaltlich gegen Edwin wendet, dann hier. Denn Koeppen hat sowohl über Gertrude Stein als auch über Hemingway Aufsätze verfasst und schreibt über beide zwar differenziert, aber nicht ohne Sympathie, wie folgende Zitate belegen: „Gertrude Stein war sicher ein Genie (sie selbst verglich sich mit Einstein), bestimmt eine Muse, wohl auch aus Prometheus' Geschlecht, aber vor allem lebt sie als Sphinx fort. Sie gibt unentwegt Rätsel auf; doch könnte man sich auch fragen, ob sie am Ende nicht die Sphinx ohne Geheimnis sei."[50] In einem Artikel über Hemingways Buch „Tod am Nachmittag" kritisiert Koeppen zwar dessen Haltung zum Stierkampf, kommt aber dennoch zu dem Schluss: „Jeder Satz dieses Buches beweist, auch wenn man ihn nicht billigt, welch ein großer Autor Hemingway ist. Er formuliert manchmal auf Kosten der Wahrheit, aber in seinen kühnen und vollkommenen Formulierungen ist viel Wahrheit."[51] Ohne das weiter ausführen zu wollen, ist klar: Für „zweitrangige Geister" hält Koeppen die beiden wohl nicht. Insofern ist es eine kleine Gemeinheit, dass er Edwin Worte von Gertrude Stein zitieren lässt, die so bedeutend sind, dass sie dem Roman den Titel geben:

„Wie Tauben im Gras, sagte Edwin, die Stein zitierend, und so war doch etwas von ihr Geschriebenes bei ihm haftengeblieben, doch dachte er weniger an Tauben im Gras als an Tauben auf dem Markusplatz in Venedig, wie Tauben im Gras betrachten gewisse Zivilisationsgeister die Menschen, indem sie sich bemühten, das Sinnlose und scheinbar Zufällige der menschlichen Existenz bloßzustellen, den Menschen frei von Gott zu schildern, um ihn dann frei im Nichts flattern zu lassen, sinnlos, wertlos, frei und von Schlingen bedroht, dem Metzger preisgegeben, aber stolz

---

[50] Koeppen, Wolfgang: Gertrude Stein und die dritte oder die vierte Rose. In: GW 6/182.
[51] Koeppen, Wolfgang: Der Stier und der Tod. In: GW 6/282.

auf die eingebildete, zu nichts als Elend führende Freiheit von Gott und göttlicher Herkunft. Und dabei, sagte Edwin, kenne doch schon jede Taube ihren Schlag und sei jeder Vogel in Gottes Hand." [198]

Die Hoffnung, die aus diesem christlichen Trostgedanken hätte wirken können, verpufft. Sie verpufft, weil sie die Schlafenden nicht erreicht. Sie verpufft, weil nicht einmal die Priester zustimmen, sondern Konkurrenz wittern: „Bearbeitete Edwin ihren Acker? War er nichts als ein Laienprediger?" [198]. Sie verpufft, weil selbst die den Dichter bewundernde amerikanische Lehrerin Miß Burnett dem nicht folgen will: „Sie war keine Taube oder sonst ein Vogel. Sie war ein Mensch, eine Lehrerin, sie hatte ein Amt, auf das sie sich vorbereitet hatte und immer wieder vorbereitete, sie hatte Pflichten und sie suchte sie zu erfüllen." [199] Sie verpufft, weil der deutsche Dichter Philipp letztlich doch in seinen Erwartungen enttäuscht wird: „Philipp dachte 'jetzt wendet er sich Goethe zu, es ist fast deutsch, wie Edwin sich jetzt auf Goethe beruft, auf das Gesetz-nach-dem-wir-angetreten, und er sucht wie Goethe die Freiheit in diesem Gesetz: er hat sie nicht gefunden'." [199] Die kaputten Lautsprecher knirschen und knacken noch weiter, als Edwin seinen Vortrag schon beendet hat, und reißen das Publikum aus dem Schlaf. So bleibt die Beschwörung des „europäischen Geistes" tatsächlich völlig folgenlos. Das Ende seines Vortrags war „eine Befreiung der Zuhörer, die nichts von Edwins Worten begriffen hatten und die nun mit dem Beifallsklatschen ihrer Hände noch den zarten und zärtlichen, den schon durch den Lautsprecher vergröberten und, als er sie erreichte, schon gestorbenen, schon toten, ja zu Staub und Moder gewordenen Anhauch seines Geistes als lästige Spinnwebe von sich streiften" [203].

1.11. Der Schluss

Das Ende des Romans ist ein einziges großes Scheitern. Die einzelnen Handlungsstränge kulminieren in Resignation und Zerstörung. Es gibt eine rassistische Gewaltszene, in der Washington Price und sein Traum vom „Washington's Inn" mit der Aufschrift „Niemand ist unerwünscht" gesteinigt werden. Es gibt einen inneren Monolog Emilias, die den Anblick ihrer Wohnung nicht mehr erträgt und beschließt, sich systematisch zu betrinken. Sie tut dies auf einer ebenfalls gescheiterten Party: „Es kam keine Stimmung auf; nicht einmal die Stimmung der Lust kam auf." [208] Es gibt einen Überfall auf Mr. Edwin und es gibt ein letztes Scheitern von Philipp, der mit der jungen Amerikanerin Kay auf ein schäbiges Hotelzimmer geht. Kay glaubt, der deutsche Dichter wolle sie verführen. Sie hätte sich lieber von Edwin verführen lassen, aber immerhin wäre sie so die einzige, „die zu Hause erzählen kann wie es ist wenn einen ein deutscher Dichter verführt" [205], und das ist offenbar besser als nichts. Auch Philipp glaubt, dass er Kay verführen will, aber eigentlich sucht er etwas anderes: „[...] ich will gar nicht sie, ich will das andere Land, ich will die Weite, ich will die Ferne, einen anderen Horizont, ich will die Jugend, das junge Land, ich will das Unbeschwerte, ich will die Zukunft und das Vergängliche [...]" [205]. Nichts davon erfüllt sich. Kay verlässt Philipp wieder, nachdem sie eine Weile schweigend am Fenster des Hotelzimmers gestanden und einen Schrei von Mr. Edwin gehört haben, der in einer Gasse auf der Suche nach einem homosexuellen Abenteuer verprügelt wird. Der armselige Philipp scheitert gleich mehrfach: als Verführer, als desillusionierter Dichter in einem schäbigen Hotelzimmer („das ist sein Wald, sein Eichenhain, sein deutscher Wald, in dem er wandelt und dichtet" [209]) und schließlich auch noch als Reporter: „Er dachte ‚welche Sensation für das Neue Blatt'. Selbst das Abendecho würde einen überfallenen Dichter von Weltruhm auf die erste Seite setzen. Philipp dachte ‚ich bin ein schlechter Reporter'." [209]

Auch Koeppen hat sich wiederholt als Gescheiterten bezeichnet. Doch zumindest als Journalist und als Schriftsteller war er erfolgreicher als Philipp.

2. Das Treibhaus

2.1. Zeitgenössische Rezeption

Hatte die Literaturkritik bei „Tauben im Gras" noch darüber debattiert, was das eigentliche Thema des Buches sei, war der Fall bei Koeppens Folgeroman „Das Treibhaus" sonnenklar: Es handelt von einem Bundestagsabgeordneten, es handelt vom Treiben in der Bundeshauptstadt Bonn und es handelt von der Wiederbewaffnung der Bundesrepublik Deutschland – es handelt also von aktueller Politik. Da war die Bezeichnung „Schlüsselroman" schnell zur Hand. Die Figur des Bundeskanzlers trug Züge von Konrad Adenauer, der Oppositionspolitiker Knurrewahn war offensichtlich Kurt Schumacher nachempfunden (der am 20. August 1952 bereits gestorben war, wenige Monate vor Erscheinen des Romans). Karl-Heinz Götze fasste die im „Treibhaus" vermuteten Staatsmänner der realen Nachkriegspolitik geschickt zusammen: „Man mag es sich gerne vorstellen, wie Theodor Heuss einen der pflichtversessenen höheren Beamten von der Art, von der es im Buch so viele gibt, in eine Bonner Buchhandlung schickte, damit er für ihn das Buch erstehe; wie Konrad Adenauer fragte, wer denn dieser Koeppen sei und dabei an seine Rosen dachte, wie der Baudelaire-Übersetzer Carlo Schmid als lebendiger Beweis für den Unterschied zwischen Kunst und Leben quietschvergnügt durch die Trümmergrundstücke ging, wie Gehlen den zuständigen Beamten mit der Lektüre des Textes unter staatsschützerischen Gesichtspunkten beauftragte und dieser in der morgendlichen Dienstbesprechung Bericht erstattet hat ..."[52]

Als hätte Koeppen schon im Vorfeld erwartet, dass das Buch einen Skandal auslösen könnte (was tatsächlich eintrat), versuchte er sich – wie schon bei „Tauben im Gras" – mit einer Vorbemerkung abzusichern:

> „Der Roman *Das Treibhaus* hat mit dem Tagesgeschehen, insbesondere dem politischen, nur insoweit zu tun, als dieses einen Katalysator für die Imagination des Verfassers bildet. Gestalten, Plätze und Ereignisse, die der Erzählung den Rahmen geben, sind mit der Wirklichkeit nirgends identisch. Die Eigenart lebender Personen wird von der rein fiktiven Schilderung weder berührt noch ist sie vom Verfasser gemeint. Die Dimension aller Aussagen des Buches liegt jenseits der Bezüge von Men-

---

[52] Götze, Karl-Heinz: Wolfgang Koeppen: »Das Treibhaus«. Wilhelm Fink Verlag, München 1985, S. 122.

schen, Organisationen und Geschehnissen unserer Gegenwart; der Roman hat seine eigene poetische Wahrheit. W. K."[53]

Damit hatte Koeppen es sich nach Ansicht vieler Rezensenten zu einfach gemacht. Fritz René Allemann etwa nutzte in seiner Kritik Koeppens Einleitung sogleich als Steilvorlage: „Daran ist soviel wahr: mit Bonn, wie es ist, mit der deutschen Politik, wie sie dort getrieben wird, hat das, was Koeppen daraus macht, in der Tat nichts zu tun."[54] Die Beschreibung Bonns nennt Allemann eine „eilig-sorglos hingepinselte Kulisse", um dann noch einen Schritt weiter zu poltern: „[...] wenn einer die totale Verzeichnung eines Milieus als ‚poetische Wahrheit' deklariert, heißt das noch lange nicht, daß er ein Dichter ist."[55]

Wie schon bei „Tauben im Gras" störte sich die Literaturkritik an der sprachlichen „Aggressivität", mit der Koeppen seine Zeitkritik vorbrachte. Ein Korrespondent der Hannoverschen Allgemeinen Zeitung schrieb, dass der Verfasser in „seinem bodenlosen Haß [...] über das Ziel hinaus"[56] schieße. Ähnlich Walter Karsch, der feststellte, dass Koeppen „von einem unproduktiven Haß zerfressen"[57] sei. Friedrich Luft nannte „Das Treibhaus" gar ein Buch, „das unserem bißchen Staatssubstanz schadet."[58] Die gewerkschaftliche Zeitung „Welt der Arbeit" folgerte, dass der „der Demokratie als Ganzes mit großer Reserve begegnende Leser in diesem Buch in seiner Abneigung gegen den demokratischen Staat und in seiner Sehnsucht nach einem alles in Ordnung bringenden ‚Führer' bestärkt"[59] werde. Und weiter: „Die Wirkung ist jedenfalls so, daß das Erscheinen von Freunden jeder totalitären Richtung begrüßt werden muß. [...] Der Schritt vom verbitterten Chronisten zum zeitkritischen Schriftsteller ist Walter [!] Koeppen nicht gelungen. Hierzu fehlte ihm die hierfür notwendige demokratische Gesinnung als Markierung."[60]

Marcel Reich-Ranicki, der 1961 in seinem wichtigen ZEIT-Artikel den „Fall Wolfgang Koeppen" untersuchte, hatte im Rückblick außerdem den Ein-

---

[53] Koeppen, Wolfgang: Das Treibhaus. Suhrkamp Verlag, Frankfurt am Main 1972, S. 5. Alle weiteren Textstellen werden künftig nach dieser Ausgabe zitiert, die Seitenangabe erfolgt unmittelbar nach dem Zitat im Text.
[54] Allemann, Fritz René: Restauration im Treibhaus. In: Der Monat 6, Heft 67, 1954. Zitiert nach: Greiner, Ulrich: Über Wolfgang Koeppen, S. 61.
[55] Ebd.
[56] Anonym (W.): Treibhaus Bonn. In: Hannoversche Allgemeine Zeitung vom 20.11.1953. Zitiert nach: Oehlenschläger, Eckart: Wolfgang Koeppen. Suhrkamp, Frankfurt am Main 1987, S. 278.
[57] Karsch, Walter: Verpaßte Gelegenheit. In: Der Tagesspiegel vom 24.1.1954. Zitiert nach: Oehlenschläger, Eckart: Wolfgang Koeppen, S. 278.
[58] Luft, Friedrich: gelesen-wiedergelesen. In: Die Neue Zeitung vom 15.11.1953. Zitiert nach: Oehlenschläger, Eckart: Wolfgang Koeppen, S. 278.
[59] Holz, Peter: Treibholz im Strom der Gesinnungslosigkeit. Notwendige Betrachtungen zu einer „Buchsensation". In: Welt der Arbeit vom 24.12.1953. Zitiert nach: Götze, Karl-Heinz: Das Treibhaus, S. 126.
[60] Ebd.

druck, dass viele Zeitungen Koeppen – oder sein unbequemes Thema – schlicht ignoriert hatten: „Die meisten Rezensenten schrieben – sofern sie sich überhaupt äußerten – kühl oder geradezu feindlich."[61] Das änderte sich erst, als der Stuttgarter Goverts-Verlag 1969 eine Sonderausgabe der gesamten Nachkriegstrilogie auf den Markt brachte. Die Hoffnung auf einen veränderten Zeitgeist erfüllte sich: Koeppen wurde in breitem Maße rehabilitiert und nachträglich sowohl inhaltlich wie stilistisch gepriesen. „Das Treibhaus" wurde angesichts der politischen Entwicklung in der Bundesrepublik sogar als „prophetisch" anerkannt.[62] Nicht zuletzt wurde das Buch 1987 als einziger Roman der Trilogie von dem Münchner Filmemacher Peter Goedel (unter Mitwirkung Wolfgang Koeppens) verfilmt.

Doch noch in jüngster Zeit finden sich Beispiele dafür, dass Koeppen kontinuierlich auch als „Nestbeschmutzer" der demokratisch gewordenen Bundesrepublik Deutschland gesehen wurde und wird. 1999 erschien in der WELT ein kurzes Koeppen-Portrait, in dem sich der Autor Thomas Schmid zu folgenden Behauptungen verstieg: „Koeppen hat genau hingesehen und sich vollständig getäuscht. Der Kanzler erscheint als Nationalist und Restaurator, das Dritte Reich schwappt in die neue Republik. Koeppen hat – stellvertretend für die linksliberale Intelligenz – nicht erkennen können, vielleicht nicht wollen, daß 1949 in der Bundesrepublik eine deutsche demokratische Revolution begann, die Marktwirtschaft, Demokratie, Westbindung unter Deutschen heimisch machte. Es wurde nach 1949 nicht alles schlechter, sondern vieles besser. Im Verkennen dieser Chancen, in der gemütlichen Verachtung gegenüber der Bonner Republik wurde Koeppens Roman stilbildend. Viele Knallchargen aus NS-Zeiten bevölkern die Seiten. Einer fehlt: Ludwig Erhard, der liberale Architekt des Aufstiegs."[63] Wie der Autor auf die Idee kommt, Ludwig Erhard hätte Koeppen vielleicht im Nachhinein dazu verleiten mögen, seinen Roman als „vollständige Täuschung" zu akzeptieren, bleibt sein Geheimnis. Im Gegenteil: Als 1987 der CDU-Politiker und schleswig-holsteinische Ministerpräsident Uwe Barschel unter mysteriösen Umständen tot in der Badewanne eines Hotelzimmers aufgefunden wurde, war Koeppens „Treibhaus" für die Journalisten plötzlich wieder interessant. Gegenüber dem „Stern" äußerte sich Koeppen wie folgt: „Heute erleben wir die Ereignisse, die ich damals nur schüchtern angedeutet habe. Rückblickend hätte ich sehr viel schärfer sein müssen. Allerdings würde man mir als Schriftsteller eine Geschichte wie die in Kiel niemals glauben. Das wäre schlechte Science-fiction."[64]

---

[61] Reich-Ranicki, Marcel: Der Fall Wolfgang Koeppen. Ein Lehrbeispiel dafür, wie man in Deutschland mit Talenten umgeht. In: Die Zeit vom 8.9.1961. Zitiert nach: Reich-Ranicki, Marcel: Wolfgang Koeppen. Aufsätze und Reden. Amman Verlag, Zürich 1996, S. 18.
[62] Vgl. Götze, Karl-Heinz: Das Treibhaus, S. 130f.
[63] Schmid, Thomas: Wolfgang Koeppen. In: Die Welt vom 22.5.1999.
[64] Wie in einem antiken Drama. In: Stern, Nr. 44, 22. Oktober 1987. Zitiert nach: Koeppen, Wolfgang: Einer der schreibt, S. 200.

Trotz des Skandals, den der Roman in der Presse auslöste (noch Jahre später erwähnte Koeppen, dass Bundeskanzler Helmut Schmidt ihm bei einem Abendessen gesagt habe, dass „ihn kein Buch jemals so fürchterlich geärgert hätte"[65]), muss der Vollständigkeit halber erwähnt werden, dass „Das Treibhaus", wie alle Bücher Koeppens, kein Verkaufserfolg war. Bis 1976 waren gerade 12.000 Exemplare verkauft worden, obwohl sich nach Koeppens Verlagswechsel der renommierte Suhrkamp-Verlag seiner Bücher annahm. Zum Vergleich: Bölls Roman „Ansichten eines Clowns", ebenfalls ein Buch über die Bundesrepublik und das Bonner Klima der fünfziger Jahre, erreichte in einem vergleichbaren Zeitraum eine Auflage von mehr als einer Million Exemplare, obgleich die Kritik ebenfalls nicht nur zustimmend war.[66]

Eine der Ausnahmen unter den zeitgenössischen Rezensionen war die Kritik von Karl Korn, der in der Frankfurter Allgemeinen Zeitung jubilierte: „Das Treibhaus ist eine Klasse Literatur, wie sie nur selten erreicht wird."[67] Zwar meinte auch er, „daß der kalte Haß Koeppen die Feder geführt"[68] habe, doch sei Koeppens Roman „[e]in bedeutendes Buch, das für die gesellschaftliche Außenseitersituation der Intellektuellen in hohem Grade symptomatisch ist."[69] Diese Lesart war selten zu finden: Dass nämlich nicht nur eine Verzweiflung an den realpolitischen Verhältnissen den Autor zu diesem Buch veranlasst haben könnte, sondern möglicherweise das Scheitern eines intellektuellen Moralisten im Bonner Polit-Sumpf Koeppens Geschichte war.

So war es auch Korn, der in den späteren Reisebüchern den zeitkritischen Intellektuellen Wolfgang Koeppen vermisste. Marcel Reich-Ranicki stellte als erster die These auf, dass der Erfolg der Reisebücher ursächlich damit zu tun gehabt haben könnte, dass Koeppen keine unbequemen und düsteren Romane mehr schrieb: „Man hat den Eindruck, daß Koeppen nicht nur dafür gelobt wurde, was er geschrieben hatte, sondern auch dafür, was er zu schreiben unterließ. Manche glaubten, seine Reportagen gegen seine Romane ausspielen zu müssen. In der Frankfurter Allgemeinen Zeitung diagnostizierte Karl Korn in der Besprechung des Reisebuchs [*Nach Russland und anderswohin*, Anm. d. Verf.]: ‚Geistig und politisch bedeutet es für den Autor und vielleicht für die Lage der Intelligenz überhaupt eine symptomatische Wendung. Der Koeppen, der *Das Treibhaus* schrieb ... ist in dem Reisebuch kaum noch wiederzuerkennen. Er ist mild geworden und scheint sich, was den politischen Anspruch des Intellektuellen angeht, zu den Entsagenden geschlagen zu haben.'"[70]

---

[65] Wie in einem antiken Drama. Zitiert nach: Koeppen, Wolfgang: Einer der schreibt, S. 202.
[66] Vgl. Götze, Karl-Heinz: Das Treibhaus, S. 122f.
[67] Korn, Karl: Satire und Elegie deutscher Provinzialität. In: Frankfurter Allgemeine Zeitung vom 7.11.1953. Zitiert nach: Greiner, Ulrich: Über Wolfgang Koeppen, S. 47.
[68] Ebd., S. 46.
[69] Ebd., S. 49.
[70] Reich-Ranicki, Marcel: Der Fall Wolfgang Koeppen, S. 21f.

Der politische Anspruch des Intellektuellen: Für Wolfgang Koeppen und seinen Roman „Das Treibhaus" konnte dieser Stoff nur wieder dazu dienen, soviel sei vorweggenommen, die Geschichte eines Gescheiterten und Außenseiters nachzuzeichnen, der schon deshalb zwangsläufig ein Außenseiter sein muss, weil er vielmehr Dichter und Übersetzer als Politiker ist („Keetenheuve war ein Kenner und Liebhaber der zeitgenössischen Lyrik, und manchmal belustigte es ihn, während er im Plenum einem Redner zuhörte, daran zu denken, wer im Saal außer ihm wohl Cummings gelesen habe." [34]). Keetenheuve ist folglich die Person, an der nachfolgend die Selbstreflexionen des Schriftstellers aufgespürt werden sollen.

2.2. Der erste Auftritt des Protagonisten: Keetenheuve

Während in „Tauben im Gras" eine Vielzahl von Figuren auftritt, aus der Philipp als Schriftsteller und durch sein quantitatives Vorkommen im Text herausragt, beschränkt sich Koeppen beim „Treibhaus" auf eine einzige zentrale Figur. „Der ganze Roman ist ein innerer Monolog Keetenheuves; alle Ereignisse, Schauplätze und Personen sind gesehen aus seiner Perspektive."[71], bemerkt etwa Georg Hensel. Erhard Schütz erweitert die Beobachtung um eine Nuance: „Alle Personen außer Keetenheuve, deren Handlungen und Motive, sind dessen Projektionen."[72] Die formale Textstruktur verhindert somit, die Figur Keetenheuve in einer ähnlichen Weise wie Philipp zu untersuchen, da der Roman nicht segmentweise untergliedert ist wie „Tauben im Gras". An einer chronologischen Beobachtung des Protagonisten soll dennoch größtenteils festgehalten werden, da so am besten die Entwicklung der Figur Keetenheuve und dessen Reflexionen nachempfunden werden können. Der Roman beginnt folgendermaßen:

> „Er reiste im Schutz der Immunität, denn er war nicht auf frischer Tat ertappt worden. Aber wenn es sich zeigte, daß er ein Verbrecher war, ließen sie ihn natürlich fallen, lieferten ihn freudig aus, sie, die sich das Hohe Haus nannten, und welch ein Fressen war es für sie, welch ein Glück, welche Befriedigung, daß er mit einem so großen, mit einem so unvorhergesehenen Skandal abging, in die Zelle verschwand, hinter den Mauern der Zuchthäuser vermoderte, und selbst in seiner Fraktion würden sie bewegt von der Schmach sprechen, die sie alle durch ihn erlitten (sie alle, sie alle Heuchler), doch insgeheim würden sie sich die Hände reiben, würden froh sein, [...] daß er gehen mußte, denn er war das Korn Salz

---

[71] Hensel, Georg: Elegie der Ratlosigkeit. In: Darmstädter Echo vom 5.12.1953. Zitiert nach: Oehlenschläger, Eckart: Wolfgang Koeppen, S. 279.
[72] Schütz, Erhard: Der Dilettant in der geschriebenen Geschichte. In: Oehlenschläger, Eckart: Wolfgang Koeppen, S. 279.

gewesen, der Bazillus der Unruhe in ihrem milden trägen Parteibrei, ein Gewissensmensch und somit ein Ärgernis." [7]

Uns wird ein Reisender beschrieben, dessen Identität zunächst im Dunklen bleibt. Er hat scheinbar ein Verbrechen begangen, welches ihm aber möglicherweise nicht nachgewiesen werden kann. Wir erfahren weiter, dass es sich wohl um einen Politiker, genauer: um einen Bundestagsabgeordneten handelt, denn einerseits wird der Deutsche Bundestag von den Volksvertretern als „Hohes Haus" bezeichnet, andererseits wird der Begriff als feststehende Anrede in den Parlamentsdebatten verwendet. Wenn man den ersten Romanabschnitt bereits als „inneren Monolog" liest (was der weitere Textverlauf nahelegt), dann wird man feststellen, dass die beschriebene Person, wie immer bei Koeppens Hauptfiguren, schon hier eine Außenseiterrolle einnimmt. Denn sie spricht aus der Distanz über ihre Bundestagskollegen vom „Hohen Haus", müsste sich aber kraft ihres eigenen Amtes ebenso dazuzählen.

Der Polit-Betrieb wird bereits mit einer gewissen Abscheu beschrieben. Für den Fall einer Verurteilung des Reisenden wird sowohl die klammheimliche Befriedigung des politischen Gegners als auch der eigenen Fraktion des Abgeordneten vorausgesetzt, sie alle werden als „Heuchler" tituliert. Der Beschriebene wird als ein für die anderen Berufspolitiker unbequemer Geist vorgestellt, dessen Ausscheiden aus dem Bundestag viele begrüßen würden. Die Begründung ist bezeichnend: er war „ein Gewissensmensch und somit ein Ärgernis". Der Schluss muss also erlaubt und vom Autor gewollt sein, dass Berufspolitiker zwar machtpolitisch und opportunistisch agieren, aber sich wohl weniger ihrem Gewissen verpflichtet fühlen – oder ganz zugespitzt: überhaupt keines haben.

Keetenheuve, der Name wird erst kurze Zeit später genannt, hatte kein Verbrechen begangen. Der erste Satz des Romans entpuppt sich als Tagtraum des Abgeordneten, er wird bezeichnet als „ein Träumer *von des Gedanken Blässe angekränkelt.*" [8] Koeppen zitiert hier aus Hamlets berühmten Monolog, der mit der noch berühmteren Zeile „Sein oder Nichtsein, das ist hier die Frage" beginnt. Keetenheuve wird als Träumer, Phantast und Zauderer in eine Verbindung gebracht (ausgehend von seiner eigenen Imagination) mit dem „weltliterarischen Zauderer schlechthin"[73]. Die zitierte Passage im Hamlet lautet: „So macht Bewußtsein Feige aus uns allen; / Der angebornen Farbe der Entschließung wird des Gedankens Blässe angekränkelt;".[74]

Den geträumten Mord hatte Keetenheuve an der „dicken Wanowski" begangen, die er mitverantwortlich für den Tod seiner jungen Frau Elke macht. Der Abgeordnete kommt soeben von ihrer Beerdigung und ist nun Witwer. Die Wanowski hatte eine lesbische Beziehung mit Elke („Was die Wanowski

---

[73] Vgl. Götze, Karl-Heinz: Das Treibhaus, S. 11.
[74] Shakespeare, William: Hamlet. Reclam, Stuttgart 1984, S. 55.

Elke bot, war eine unwiderstehliche Bestechung, war[75] Zweisamkeit und Bier" [20]), Keetenheuve konnte dem nur tatenlos zusehen. In seiner Trauer beschreibt er die Wanowski als männerhassenden Prototypen einer Lesbe: „Der Bulle kam, die Wanowski erschien, garstig borstige Krüllhaare auf dem Bullenschädel [...]. Sie trug einen Männeranzug, [...] stramm wölbte sich das Gesäß, die überhöhten, mit Watte gepolsterten Schultern waren ein Gleichnis des Penisneides, lächerlich und furchtbar zugleich, und zwischen den schwellenden Lippen unter dem mit Kork abgebrannten Bartflaum kaute sie am häßlichen zerknatschten Stummel einer bitteren Zigarre." [10f.]

Die Grundstimmung, die Wolfgang Koeppen hier zeichnet, lässt durchaus Erinnerungen wach werden an Philipps ersten Auftritt in „Tauben im Gras". Dort wird uns ein einsamer Mann (der allerdings freiwillig vor seiner Frau geflohen ist) in der unbehaglichen Umgebung eines Schmuddel-Hotels beschrieben, dessen Wirt es an Hässlichkeit (der Beschreibung) getrost mit der Wanowski aufnehmen kann. Während Philipps Trias des Scheiterns allerdings erst am Schluss des Romans geballt auftritt und erzählerisch resümiert wird, präsentiert Koeppen uns Keetenheuve gleich zu Beginn des „Treibhauses" als mehrfach Gescheiterten: „Er hatte versagt. Vor jeder Lebensaufgabe versagte er. Er hatte neunzehnhundertdreiunddreißig versagt und neunzehnhundertfünfundvierzig versagt. Er hatte in der Politik versagt. Er hatte im Beruf versagt. [...] er hatte auch in seiner Ehe versagt" [11]. Dieser Dreiklang wird später noch einmal aufgegriffen: „Ein Dilettant in der Liebe, ein Dilettant in der Poesie und ein Dilettant in der Politik." [83]

2.3. Gegenposition zum bürgerlichen Lebensentwurf

Was wir bisher über Keetenheuve wissen, entspricht wohl kaum dem gängigen Idealtypus eines Berufspolitikers: Der Protagonist ist ein realitätsferner Träumer, ein unangepasster Individualist, er malt sich detailliert einen Mord aus und ist Witwer einer offenbar bisexuellen Frau. Diese Frau, Elke, war darüber hinaus erst 16 Jahre alt, als der 39-jährige Keetenheuve sich ihrer annahm, weil sie ziellos in den Kriegstrümmern vor seinem Haus umherirrte. Koeppen gibt zu, dass diese Charakterstudie ungewöhnlich für einen Bundespolitiker ist: „Der Abgeordnete Keetenheuve ist und war in meiner Vorstellung immer ein Mensch, der von der Norm abweicht. Er hat als Abgeordneter im Deutschen Bundestag versagt, weil er nicht darauf aus war, eine politische Karriere zu machen. Und wenn er in den deutschen Trümmern ein Mädchen, die Elke, findet und sie annimmt, dann ist das alles kein normaler Lebenslauf, wie er in Jahrbüchern des Deutschen Bundestages vorkommen könnte."[76]

Gerade das macht aber die unauflösbare Spannung des Romans aus. Keetenheuve hat eine durch und durch idealistische Motivation für seine poli-

---

[75] GW 2/235; in der Einzelausgabe steht hier fälschlicherweise „zwar".
[76] Bericht aus Bonn. Zitiert nach: Koeppen, Wolfgang: Einer der schreibt, S. 205.

tische Arbeit, die bezeichnenderweise allen anderen Politikern des Nachkriegs-Bonn abgesprochen wird: „Keetenheuve war immer auf der Seite der Armen und der Sonderfälle, er stand den Unorganisierten bei und nie den Kirchen und Kartellen, doch auch den Parteien nicht, nicht unbedingt selbst der eigenen Partei [...]." [26f.] Deshalb ist sein Scheitern von Anfang an vorherbestimmt.

Die Restauration der fünfziger Jahre lässt sich durch Keetenheuve freilich nur glaubhaft kritisieren, wenn er eine Außensicht auf die Gesellschaft hat. Die biographische Voraussetzung dafür ist seine Emigration während der Nazizeit; er war nicht in Deutschland und ist somit politisch unbelastet. Anders als manche Täter des Dritten Reiches, die sich der Schuld ihres Handelns nicht bewusst sind, fühlt er sich sogar schuldig, weil er abwesend war. Diese Haltung findet sich auch bei Koeppen wieder: „Als er *[Keetenheuve, Anm. d. Verf.]* sich zur Bundestagswahl gestellt hatte, beabsichtigte er, etwas gut zu machen, denn er hatte im Exil ein Schuldgefühl. Auch ich habe dies Schreckliche, was in Deutschland geschehen ist, nicht verhindert; mit einem Einsatz meines Lebens. Ich bin geflohen, um von einer Loge, einem Stehplatz aus zu beobachten."[77] Mit der idealistischen Annahme, beim Aufbau einer neuen, demokratischen Gesellschaft mitwirken zu können, stößt Keetenheuve schnell an Grenzen: „Er wollte Jugendträume verwirklichen, er glaubte damals an eine Wandlung, doch bald sah er, wie töricht dieser Glaube war, die Menschen waren natürlich dieselben geblieben, sie dachten gar nicht daran, andere zu werden, weil die Regierungsform wechselte, weil statt braunen, schwarzen und feldgrauen jetzt olivfarbene Uniformen durch die Straßen gingen und den Mädchen Kinder machten, und alles scheiterte wieder mal an Kleinigkeiten, an dem zähen Schlick des Untergrundes [...]". [17]

Gerade solche Formulierungen, in denen eine Kontinuität nachgezeichnet wird, die die meisten Deutschen lieber verdrängen wollten, sorgten für eine breite Ablehnung des Romans. Damit musste Koeppen rechnen, denn auch seine Romanfigur steht mit diesen Positionen bereits einsam da. Dass Keetenheuve beim politischen Gegner keine Verbündeten findet, ließe sich noch sehr einfach mit dem üblichen parteipolitischen Prinzip der Uneinigkeit von Regierungs- und Oppositionspartei erklären. Wolfgang Koeppen spricht aber nicht nur von den Politikern, sondern allgemein von den Menschen; die Formulierung „der zähe Schlick des Untergrundes" macht deutlich, dass es eben gerade nicht nur um die Mächtigen geht, sondern vor allem um eine gesellschaftliche Grundtendenz. Diese offenbart sich im Übrigen auch in Keetenheuves ganz privatem Bereich, denn mit der Radikalität seiner Position stößt er nicht zuletzt bei seiner Frau Elke auf Unverständnis: „Es war ihr alles fremd. Sie begriff nicht, nach welchem Stern er sich richtete. Als er ihr sagte, warum er der Politik der Nationalsozialisten ausgewichen war, sah sie keinen Grund für sol-

---

[77] Bericht aus Bonn. Zitiert nach: Koeppen, Wolfgang: Einer der schreibt, S. 205.

ches Verhalten, es sei denn einen unsichtbaren, einen jedenfalls nicht greifbaren; er war eben moralisch." [17]

Diese Verdrängungsleistung war symptomatisch für Nachkriegsdeutschland, und eben deshalb stellt Koeppen mit dem Abgeordneten Keetenheuve einen Protagonisten in diese Gesellschaft, der sich der bürgerlichen Bequemlichkeit in allen Bereichen versagt. Keetenheuve kann mit keinem anderen als seinem individualistisch-utopischen Politikansatz agieren, er ist als kritischer Intellektueller, der sein Wissen nicht nur aus Akten, sondern auch aus der zeitgenössischen Lyrik bezieht, in diesem System völlig fehl am Platz: „Das unterschied Keetenheuve von der Fraktion, bewahrte ihm Jugend und machte ihn unterlegen, wenn es hieß, rücksichtslos zu sein." [34] Diese Gegenposition zum bürgerlichen Lebensentwurf hätte Koeppen nicht an einem gewöhnlichen Politiker entwickeln können, sie ergibt sich erst durch die Hinwendung zur Literatur und korrespondiert mit Koeppens Auffassung, dass die Literatur bzw. der Literat zwangsläufig außerhalb der gesellschaftlichen Konvention steht. Martin Hielscher urteilt in ähnlicher Weise über Keetenheuve: „In seiner Person kommt der in der deutschen Geschichte verhängnisvoll unversöhnt gebliebene Gegensatz zwischen Poesie und Politik, Öffentlichkeit und literarischer Erfahrung radikal zum Ausdruck."[78]

Der von Hielscher konstatierte Gegensatz bestätigt sich wiederum in Keetenheuves privatestem Umfeld. Seiner Frau Elke geht es ähnlich wie Emilia in „Tauben im Gras", die Philipps Beruf des Schriftstellers verabscheut: „Elke haßte mit der Zeit Keetenheuves viele Bücher, sie eiferte gegen die zahllosen Schriften, Papiere, die Hefte, die Journale, die Ausschnitte und Entwürfe, die überall herumlagen und Keetenheuve aus ihrem Bett entführten in Bezirke, zu denen sie den Weg nicht fand, in Reiche, die für sie kein Tor hatten." [17] Hier spielt zwar noch ein weiterer Aspekt hinein, geht es doch bei Elke vornehmlich um die Eifersucht einer vernachlässigten und sexuell frustrierten Ehefrau. Aber eben nicht nur. Die Grundlage für die Eifersucht ist ja das Unverständnis der literarischen Weltsicht ihres Mannes; ein Unverständnis, das bei Elke Aggressivität hervorruft. Ein weiterer unvermeidlicher Aspekt des Schriftstellerdaseins? Diese Erfahrung hat jedenfalls einen autobiographischen Hintergrund (siehe Kapitel 4: Autobiographisches in Koeppens Romanen), denn Koeppens eigene Frau verfluchte ebenfalls in gelegentlichen Wutausbrüchen seinen Beruf.

2.4. Mythologische Verweise

Wie in all seinen Nachkriegsromanen stellt Wolfgang Koeppen die Beschreibung tagespolitischer Geschehnisse auch im „Treibhaus" in einen weit darüber hinaus reichenden historischen Kontext und verwebt sie mit einer Fülle von Verweisen auf die griechische und nordische Mythologie. Dieser Befund

---

[78] Hielscher, Martin: Wolfgang Koeppen, S. 89.

soll exemplarisch an den Motiven aus dem Nibelungenlied dargestellt werden. Es beginnt schon auf der ersten Romanseite, wenn Keetenheuve im „Nibelungenexpreß" reist und „Zwerg Alberich", „Fememörder Hagen" und die „Götterdämmerung der Exporteure" [7] wie in einem Film an seinem Zugfenster vorbeirauschen. „Wagalaweia, rollten die Räder." [7] Das lautmalerische „Wagalaweia" zitiert den Gesang der Rheintöchter; das Wort selbst entstammt allerdings nicht dem Mythos, sondern Richard Wagners „Rheingold", der ersten Oper aus dem „Ring der Nibelungen". Das „Wagalaweia" zieht sich leitmotivisch durch den Roman, gehäuft im ersten Kapitel, aber auch im weiteren Verlauf des Textes, etwa wenn Koeppen die Rheintöchter in Angestellte einer Fluggesellschaft verwandelt: „Aus dem Rhein heben sich die Rheintöchter. Sie tragen die horizontblauen, erotisierenden Uniformen der Luftstewardessen und singen: Wagalaweia, du kommst nicht nach Amerika, wagalaweia, du bleibst da." [95]

Für seinen geradezu verschwenderischen Umgang mit mythologischen Anspielungen wurde Koeppen mehrfach kritisiert, da in der Häufung oft Willkür vermutet wurde. Zu dem konkreten Beispiel bemerkt Karl-Heinz Götze: „Wagners schwere Alliterationen verwandeln sich in einen leiernden Abzählvers mit banalem Endreim, bringen den Inhalt um die prophetische Ernsthaftigkeit."[79] Eine grundsätzliche Kritik äußert Dietrich Erlach: „Es besteht bei Koeppen mitunter die ganz unanalytische und irrationale Tendenz, die Geschichte sowie auch ökonomische, soziale und politische Vorgänge zu mythisieren und zu dämonisieren."[80] Von Ronald Schneider wird Koeppen eine „enthistorisierte, noch immer metaphysisch rückgebundene und ins Mythische überhöhte Zivilisationskritik"[81] vorgeworfen. Und Klaus Haberkamm sieht Koeppens „Hang zu kontinuierlicher Mythisierung" gar in seiner „unsicheren Intelligenz"[82] begründet. Zumindest eine gewisse Willkür im Gebrauch der mythologischen Anspielungen wird schwer zu widerlegen sein. Götze stellt nach einer umfassenden Untersuchung der entsprechenden Textstellen im „Treibhaus" fest, dass zwischen den Anspielungen kein „kohärenter übergreifender Sinnzusammenhang aufzufinden"[83] sei: „Die Elemente des Mythos, die zitiert werden, haben häufig auch dann keinen Bezug untereinander, wenn sie dem gleichen mythischen Zusammenhang entstammen. Noch viel weniger schließen sich Alberich, die Rheintöchter, der Drache, Penthesilea, Klio, He-

---

[79] Götze, Karl-Heinz: Das Treibhaus, S. 93.
[80] Erlach, Dietrich: Wolfgang Koeppen als zeitkritischer Erzähler, S. 175.
[81] Schneider, Roland: Realismustradition und literarische Moderne: Überlegungen zu einem Epochenkonzept „Nachkriegsliteratur". Zitiert nach: Treichel, Hans-Ulrich: Fragment ohne Ende. Carl Winter Universitätsverlag, Heidelberg 1984, S. 95.
[82] Haberkamm, Klaus: Wolfgang Koeppen. „Bienenstock des Teufels". Zum naturhaft-mythischen Gesellschaftsbild in den Nachkriegsromanen. Treichel, Hans-Ulrich: Fragment ohne Ende, S. 95.
[83] Götze, Karl-Heinz: Das Treibhaus, S. 96.

phaistos, die Gänse vom Kapitol, Theseus, Ariadne, Ornis, Pythia, Nestor, Helena, Thor, Proteus, Zeus, die Lemuren und Prometheus zur mythischen Einheit zusammen."[84]

Dem Vorwurf von Schneider, Koeppens Zivilisationskritik sei „enthistorisiert" und „ins Mythische überhöht", muss allerdings widersprochen werden. Man kann den (schon in „Tauben im Gras" festgestellten) Geschichtsbegriff Koeppens, der auf einer „organologische[n] und zyklische[n] Auffassung des Geschichtsprozesses"[85] basiert, gerade nicht als enthistorisiert bezeichnen, denn Koeppen „zerreißt den Horizont der historischen Aktualität und gibt den Blick frei auf eine Dimension der Zeit, die weit in die Geschichte zurück – und vielleicht auch über sie hinausreicht."[86] Die Zeitkritik Koeppens begnügt sich also nicht mit einer oberflächlichen Ablehnung der tagesaktuellen Verhältnisse, sondern wird erst durch das Aufspüren einer historischen Tiefenstruktur „poetisch wahr" – genau das ist die Besonderheit von Literatur (oder Kunst überhaupt). Ein weiteres Argument gegen eine „mythische Überhöhung" des Erzählten scheint mir, dass das Mythische oft genug ironisch aufgebrochen wird und nicht etwa Selbstzweck bleibt. Um beim Nibelungen-Beispiel zu bleiben: Natürlich weiß Koeppen, dass gerade Wagners musikalische Adaption des Stoffes von Hitler propagandistisch missbraucht wurde. Im „Treibhaus" findet sich folgende Szene:

„Wagalaweia. In Bayreuth schwebten die Mädchen in Schaukeln über die Bühne, glänzende Huldinnen. Den Diktator hatte der Anblick belebt, warm war es ihm ins Mark gestiegen, die Hand überm Koppelschloß, das Schmachthaar in der Stirn, die Mütze geradegerückt, aus dumpfem Brüten entfaltete sich Zerstörung. Und schon empfing man die hohen Kommissare, die Arme geöffnet, an die Brust! an die Brust! Tränen flossen, Tränen der Rührung, Salzbächlein des Wiedersehens und des Verzeihens, grau geworden war die Haut, ein wenig Wangenrot schwamm mit den Tränen mit, und Wotans Erbe war wieder gerettet." [23]

In diesem Abschnitt wird in ganz lapidarer Weise erneut auf die Kontinuität zwischen „alter" Nazi-Diktatur und „neuer" Demokratie hingewiesen; auf einem Nebenschauplatz gewissermaßen: der nachkriegsdeutschen Hochkultur. Die Passage ist sicher nicht als reine Kritik am Werk Richard Wagners zu verstehen, sondern vielmehr an dem, unabhängig von der Herrschaftsform, zum Ritual gewordenen gesellschaftlichen Ereignis, das – ähnlich wie der Vortrag von Mr. Edwin in „Tauben im Gras" – Koeppen nur karikierend beschreiben kann. Um mit Götze zu sprechen: „Koeppen weiß von der möglichen herr-

---

[84] Götze, Karl-Heinz: Das Treibhaus, S. 96.
[85] Treichel, Hans-Ulrich: Fragment ohne Ende, S. 113.
[86] Ebd., S. 97.

schaftsstabilisierenden Kraft der Beschwörung durch Mythos, aber er meidet ihn darum nicht, sondern bindet ihn in ein literarisches Arrangement ein, das Herrschaftsdenken unterminiert."[87]

Als diese These stützender Hinweis darf Keetenheuves Reflexion über den Namen seiner Frau gelten: „Er mochte ihren Namen nicht. Er stimmte ihn mißtrauisch. Elke, das war ein Name aus der nordischen Mythologie, er erinnerte an Wagner und seine hysterischen Helden, an eine verschlagene, hinterlistige und grausame Götterwelt, und siehe, Elke war die Tochter eines Gauleiters [...]." [12]

Es gehört seit frühester Jugend zu Koeppens Denken, dass er die Geschehnisse, die um ihn herum passieren, in einen mythologischen und kulturhistorischen Bedeutungszusammenhang bringt. Der Befund in seinen Nachkriegsromanen bestätigt dies. Und so verwundert es auch nicht weiter, wenn sich Koeppen 1987, angesprochen auf den bereits erwähnten „Fall Barschel", wie folgt äußert: „Ich möchte nicht zynisch sein, aber die Nachricht vom Tod Barschels war dramaturgisch glänzend gesetzt in der ganzen Entwicklung dieser traurigen Geschichte, wie in einem antiken Drama war das."[88]

2.5. Manipulation der Politik durch Technik

Wenn Keetenheuve sich in vielen Bereichen von einem „normalen" Abgeordneten unterscheidet, so trifft das auch auf sein Unbehagen vor den ureigensten Pflichtaufgaben eines Berufspolitikers zu – beispielsweise im Wahlkampf, vor dem ihm graut: „Immer mehr scheute er Versammlungen, die häßliche Weite der Säle, den Zwang, durch das Mikrophon sprechen zu müssen, die Groteske, die eigene Stimme in allen Winkeln verzerrt aus den Lautsprechern bullern zu hören, ein hohlklingendes und für Keetenheuve schmerzlich hohnvolles Echo aus einem Dunst von Schweiß, Bier und Tabak. Als Redner überzeugte er nicht." [25]

Es findet sich hier wiederum ein Motiv, das bereits in „Tauben im Gras" von zentraler Bedeutung war. Die menschliche Sprache wird durch das Mikrophon verfremdet, und obwohl die Lautsprecheranlage diesmal nicht defekt ist, misslingt die Kommunikation. Die Botschaft kommt – wie bei Mr. Edwin – nicht bei den Menschen im Saal an. Ob das Publikum nun schläft, oder im Zigaretten- und Alkoholnebel sein Auffassungsvermögen eingebüßt hat, das Resultat ist identisch. Keetenheuve ist kein Populist, er wird vom Volk nicht verstanden und nicht geliebt: „Die Menge ahnte, er zweifle, und das verzieh sie ihm nicht. Sie vermißten bei Keetenheuves Auftritt das Schauspiel des Fanatikers, die echte oder gemimte Wut, das berechnete Toben, den Schaum vor dem Maul des Redners, die gewohnte patriotische Schmiere, die sie kannten und immer wieder haben wollten." [26] Auch hier erweist sich die Kontinuität:

---

[87] Götze, Karl-Heinz: Das Treibhaus, S. 94.
[88] Wie in einem antiken Drama. Zitiert nach: Koeppen, Wolfgang: Einer der schreibt, S. 202.

„die Menschen waren natürlich dieselben geblieben" [17]. Darüber hinaus spielt das Phänomen der Masse eine Rolle. In „Tauben im Gras" gibt es eine Parallelstelle, in der Koeppen beschreibt, wie eine Kapelle im Bräuhaus den Badenweiler Marsch spielt, den „Lieblingsmarsch des Führers":

„Der Marsch war die Musik der jungen und verhängnisvollen Geschichte. Der Saal hob sich wie eine einzige geschwellte Brust der Begeisterung von den Plätzen. Es waren nicht Nazis, die sich da erhoben. Es waren Biertrinker. Die Stimmung allein machte es, daß alle sich erhoben. Es war nur eine Gaudi! Warum so ernst sein? warum an Vergangenes, Begrabenes, Vergessenes denken? Auch die Amerikaner wurden von der Stimmung mitgerissen. Auch die Amerikaner erhoben sich. Auch die Amerikaner summten den Marsch des Führers, schlugen mit Füßen und Fäusten den Takt. Amerikanische und davongekommene deutsche Soldaten umarmten sich. Es war eine warme, rein menschliche Verbrüderung ohne politische Absicht und diplomatischen Handel."[89]

Dieses Gebräu aus Massensuggestion durch Marschmusik oder flammende Reden („patriotische Schmiere"), aus alkoholischer Betäubung und gewollter Verdrängung macht Keetenheuve Angst. Er versteht das Verlangen der Menschen nach Ablenkung nicht, versteht nicht ihre Art der Unterhaltung, der seichten Schlager und der lächerlichen Filme. Keetenheuve fühlt sich als „Ausländer des Gefühls" [127]. Im gleichen Maße, wie das Volk Abwechslung und Verdrängung im Trivialen sucht, verabscheut es politische Zauderer. Zweifel gilt als Zeichen der Schwäche, aber der kritische Keetenheuve zweifelt unentwegt, auch an sich selbst – deshalb scheut er die Masse. Koeppen ging es nicht anders, wie er in seiner Büchnerpreisrede bekannte: „Ich liebe es nicht, mich auf den Markt zu begeben und zu reden. Ich bin kein Mann des geselligen Mittelpunktes. Ich bin ein Zuschauer, ein stiller Wahrnehmer, ein Schweiger, ein Beobachter, ich scheue die Menge nicht, aber ich genieße gern die Einsamkeit in der Menge"[90].

Die Technik – genauer: die moderne Kommunikationstechnik – ist von den Nazis gezielt zur Gleichschaltung der Massen benutzt worden. Die Beherrschung der Technik verleiht Macht. Keetenheuve steht der Menge ohnmächtig gegenüber, weil er die Technik nicht beherrscht und diese Art von Machtausübung verabscheut. Sein Politikerdasein wird gerade noch durch ein zaghaftes „Er wollte wiedergewählt werden" gerechtfertigt. „Aber Keetenheuve wollte wiedergewählt werden, weil er sich für einen der wenigen hielt, die ihr Mandat noch als eine Anwaltschaft gegen die Macht auffaßten." Sein politischer Gegner nennt ihn dafür einen „Menschenrechtsromantiker" [26].

---

[89] Tauben im Gras, S. 185.
[90] GW 5/253.

Koeppen kontrastiert Keetenheuve mit einer Gegenfigur, die bei der manipulativen Machtausübung mittels moderner Technik weniger zimperlich ist: Frost-Forestier, dessen sprechender Name allein den Leser schon frösteln lässt. „Frost-Forestier ist der Virtuose, der Perfektionist unpersönlicher, technisch-vermittelter Kommunikation. Er bemächtigt sich der Apparate, und die Apparate verschaffen ihm Macht und Genuß. Er ist der Mann des schnellen und vergänglichen Wortes, nicht der Mann der Schrift."[91] Im Roman wird Frost-Forestier, offenbar ein leitender Mitarbeiter des Nachrichtendienstes[92], folgendermaßen beschrieben: „Frost-Forestier schaltete das Licht ein, [...] und was sich im Saal ereignete, war der Arbeitsbeginn in einer Fabrik, die Ankurbelung eines Fließbandes, ein Ablauf ausgeklügelter wohlberechneter Bewegungen, rationell und präzise, und Frost-Forestier war das Werk, das in Gang gesetzt wurde. Er eiferte den elektronischen Gehirnen nach." [28] Koeppen schildert ihn nicht nur als technischen Experten, sondern macht ihn selbst zur Maschine. Die groteske Verknüpfung zwischen der gewohnheitsmäßigen Morgentoilette eines Mannes und der Inbetriebnahme einer gigantischen Maschinerie lässt beides zu einer banalen Alltagstätigkeit verschmelzen:

> „Das war ein Knipsen und Schalten! Ein großer Funkkasten sprach Nachrichten aus Moskau. Ein kleiner Bruder des großen glühte und wartete auf seine Zeit. Eine Kaffeemaschine erhitzte sich. [...] Er frottierte sich mit einem rauhen olivgrünen Handtuch amerikanischer Herkunft, ein nackter Mann auf einem leeren Kasernenhof. Seine Haut rötete sich. In Moskau nichts Neues. [...] Der Kontakt des elektrischen Rasierapparates wurde in die Dose gesteckt. Frost-Forestier rasierte sich bei leisem Schnurren. Im großen Radio gab es Störungen. [...] Die Stunde des kleinen Radios war gekommen. Es knisterte und sagte: ‚Dora braucht Windeln.' Frost-Forestier lauschte. Das kleine Radio wiederholte: ‚Dora braucht Windeln.' Mehr hatte das kleine Radio nicht zu sagen." [28f.]

Nicht nur die Übermittlung geheimer und verschlüsselter Nachrichten geschieht mit technischen Apparaten, selbstverständlich muss auch der Kaffee durch eine Maschine gekocht werden, muss auch der Rasierapparat elektrisch sein. Neben seinen Geräten funktioniert auch der Mensch Frost-Forestier per-

---

[91] Treichel, Hans-Ulrich: Das Geräusch und das Vergessen. Realitäts- und Geschichtserfahrung in der Nachkriegstrilogie Wolfgang Koeppens. In: Oehlenschläger, Eckart: Wolfgang Koeppen, S. 59.
[92] Hielscher bezeichnet Frost-Forestier als „Geheimdienstchef" (Hielscher, Martin: Zitierte Moderne, S. 100), Quack weist auf eine weitere Möglichkeit hin: „In Frost-Forestier hat man gewöhnlich ein Abbild des Geheimdienstchefs Gehlen sehen wollen; andere vermuteten eine Ähnlichkeit mit Hans Globke, der als Verwaltungschef Adenauers für dessen Personalpolitik verantwortlich war." (Quack, Josef: Wolfgang Koeppen, S. 149f.) Der Roman lässt die genaue Berufsbezeichnung offen; dort steht lediglich: „Frost-Forestier, ein Mann in einer politischen Stellung" [30].

fekt: „Neben der Duschkammer war ein Reck. Frost-Forestier ging in Grundstellung; saubere Hände auf sauberen Schenkeln. Er sprang an das Reck, Aufschwung und Abschwung. Er stand wieder in Grundstellung. Sein Gesicht war ernst. Sein Geschlecht hing ruhig, wohlproportioniert zwischen den trainierten Beinen." [28f.] Auch mannhaft ausgehaltene Schmerzen gehören zum morgendlichen Programm: „Frost-Forestier ließ den Kaffee in die Tasse rinnen. [...] Frost-Forestier verbrannte sich, als er die gefüllte Tasse anfaßte. [...] Er verbrannte sich jeden Morgen die Finger." [29] Die Beschreibung einer solchen Maskulinität und ihre Ironisierung (die mit dafür gesorgt hat, dass der Roman als reine „Satire" aufgefasst wurde) lassen sich in Verbindung bringen mit einer Jugenderfahrung Koeppens, der, als unehelich und vaterlos aufgewachsenes Kind, Männlichkeit immer nur in Verbindung mit militärischem Drill kennen gelernt hatte – der ihm deshalb zuwider war. In seinem späten Prosa-Fragment „Jugend" beschreibt Wolfgang Koeppen seinen Aufenthalt als Zwölfjähriger in einer militärischen Knabenerziehungsanstalt: „Ich schluchzte, doch ich beherrschte mich, ich hatte es gelernt, ich kam aus einer Erziehungsanstalt, ich war Rekrut in einem tapferen Land, ich war der standhafte Zinnsoldat aus dem verlorenen Märchen, ich ermannte mich, wie man es mir befohlen hatte, blieb stehen, aufrecht, die strammen Kommandos, die Hornsignale der Dressur zerplatzten in der stürmischen Luft [...]."[93]

Frost-Forestier, der also nicht ohne Grund dem verhassten Typus des dressierten Soldaten entspricht, hat den staatlich anerkannten Beruf, den Machterhalt durch Spionage zu sichern: „Auf dem Tisch aus rohem Holz [...] standen Tonaufnahmegeräte. Auch lag eine winzig kleine und eine größere photographische Kamera da. Diebesgerät! Man stahl die Sache nicht mehr, die blieb an ihrem Ort, man stahl ihren Schatten. Auch die Stimme des Menschen konnte man stehlen." [30] Aus dieser Passage spricht nicht nur die Angst des Politikers, den es die Karriere kosten kann, wenn ihm vertrauliche Informationen gestohlen werden, sondern auch die des Schriftstellers, dessen höchste Güter sein geistiges Eigentum und seine Sprache sind. Keetenheuve, der „immer so viel herumliegen" [30] ließ, war ein leichtes Opfer für derartigen Diebstahl, wie sich später noch herausstellen wird.

Die Beherrschung der Technik entscheidet also über Macht und Ohnmacht. Und wie als Gegenentwurf nicht nur zu Keetenheuve, sondern gleichsam auch zu Philipp und Koeppen, die beim Anblick eines Diktiergerätes verstummen, gelingt dem narzisstischen Frost-Forestier sogar das für den Schriftsteller schier Unmögliche: „Er legte ein Band in das Magnetophon und schaltete auf Wiedergabe. Er hörte seine eigene Stimme sprechen. Hingegeben, versunken hörte Frost-Forestier den Stimmen zu. Zuweilen regten sie ihn zu einer Notiz an." [30]

---

[93] Koeppen, Wolfgang: Jugend. Suhrkamp, Frankfurt am Main 1996, S. 58.

2.6. Der Schriftsteller als Revolutionär

Keetenheuve fährt mit der Deutschen Bahn, dem „Nibelungenexpreß", zur Arbeit. Während seine Abgeordnetenkollegen lüstern einem jungen Mädchen beim Toilettengang zusehen und sich ansonsten ausgelassen über Statussymbole unterhalten, fühlt Keetenheuve sich erneut nicht zugehörig. In diesem Arrangement taucht zum ersten Mal der Begriff vom „Treibhaus" auf, der im weiteren Verlauf des Romans neunmal wiederkehrt:

> „Ein Treibhausklima gedieh im Kessel zwischen den Bergen; die Luft staute sich über dem Strom und seinen Ufern. Villen standen am Wasser, Rosen wurden gezüchtet, die Wohlhabenheit schritt mit der Heckenschere durch den Park, knirschenden Kies unter dem leichten Altersschuh, Keetenheuve würde nie dazugehören, nie hier ein Haus haben, nie Rosen schneiden, nie die Edelrosen, die Nobiles, die Rosa indica, er dachte an die Wundrose, Erysipelas traumaticum, Gesundbeter waren am Werk, Deutschland war ein großes öffentliches Treibhaus, [...]." [38]

Die Beschreibung der Villen und Rosengärten erkannte die Literaturkritik als deutliche Anspielung auf den Rosenliebhaber Adenauer, Keetenheuve jedoch assoziiert mit dem neu erblühenden Deutschland eine Krankheit, eine Hautentzündung. Mit diesem krank machenden Treibhausklima will sich der Idealist zwar einerseits nicht abfinden, andererseits ist er bereits der Resignation nahe: „Er hielt sich für ein Lamm. Aber er wollte vor den Wölfen nicht weichen. [...] Er war faul, weil er ungläubig, zweifelnd, verzweifelt skeptisch war, und sein eifriges und aufrichtiges Vertreten der Menschenrechte war nur noch ein letzter eigensinnig spielerischer Rest von Oppositionslust und Staatswiderstand. [...] Sollte er sein Gewissen pflegen, Artikel schreiben, Kommentare in den Äther sprechen, eine öffentliche Kassandra werden? Wer würde die Artikel drucken, wer die Kommentare senden, wer wird auf Kassandra hören? Sollte er revoluzzen?" [27]

Zwei Motive finden sich hier, die mit Koeppens Schriftstellerverständnis korrespondieren. Da ist zum einen das Kassandra-Motiv, dem der „Auguren" in „Tauben im Gras" nicht unähnlich, aber vielleicht noch passender für Koeppens eigene Erfahrung: Kassandra ist dem griechischen Mythos nach dazu verdammt, stets die (schreckliche) Zukunft richtig zu prophezeien, aber niemals Gehör zu finden. Ähnlich wie Keetenheuve bewegt auch Koeppen die Frage nach einer solchen „Bestimmung": „Wir alle leben mit der Politik, sind ihre Objekte, vielleicht schon ihre Opfer. Es geht um Kopf und Kragen. Es geht buchstäblich um Kopf und Kragen. Wie darf da der Schriftsteller den Vogel Strauß mimen, und wer, wenn nicht der Schriftsteller soll in unserer Gesellschaft die Kassandra spielen? Eine undankbare, eine vergebliche Rolle."[94] Wenn man den Mythos in dem Punkt wörtlich nimmt, dass Kassandra tatsächlich immer die Wahrheit wusste, so steckt darin für den Schriftsteller gewiss eine gehörige Portion Anmaßung. Dennoch begründet Koeppen auch in einem anderen Zusammenhang genau damit seine Schreibmotivation, mit der Einschränkung allerdings, dass er keine politische Botschaft mit seinem Roman verkünden will:

> „Bonn war eine Anlockung. Ich fühlte als Thema eine Gefahr, eine neue deutsche Ananke. Die Figuren Bonns waren Figuren einer deutschen Mythologie. Ich witterte, suchte, atmete etwas, als ob ich eine phantasieanregende Droge genommen hätte. Aber eine politische Absicht war eigentlich nicht damit verbunden, dem widerspricht meine Überzeugung, daß ein Schriftsteller so direkt gar nichts ändern kann und es auch eine Frage ist, ob es gut ist, daß er etwas ändern will."[95]

Das zweite Motiv ist das des Revolutionärs. Keetenheuve spielt, wenn auch nur kurz, mit dem Gedanken zu „revoluzzen". In einem der wenigen Fälle, in denen sich Koeppen explizit zu seiner politischen Einstellung äußert, nimmt er eine ähnliche Haltung wie sein Protagonist ein: „Jeder Schriftsteller ist vielleicht ein Revolutionär oder ein Anarchist, für den ich mich halte. Ich hatte deutliche Sympathien für den Kommunismus, war aber nie Mitglied der Partei, und ich kann auch nach meinen Enttäuschungen mit dem Kommunismus nur sagen, ich bin bis heute etwas geblieben, was man einen Anarchisten nennen kann."[96] Versteht man den Anarchisten in seiner ursprünglichen Bedeutung, also nicht als die vulgäre Variante des gewalttätigen Chaoten, sondern als Anhänger einer Lehre, die sich gegen jede Autorität richtet und für unbeschränkte Freiheit des Individuums eintritt, so ist diese Auffassung bei Koeppen ebenso wie bei Keetenheuve zu finden.

2.7. Journalisten als Instrumente der Macht

Wenn Keetenheuve auch das politische Geschäft in seiner Bonner Ausprägung verabscheut, so muss Koeppen ihn doch wenigstens in Maßen nach den Regeln mitspielen lassen, damit er als Romanfigur nicht vollends unglaubwürdig wird. So weiß also auch Keetenheuve um die Macht der Presse und versucht, sie zu nutzen. Die Anknüpfung an „Tauben in Gras", wo es über die Journalisten heißt: „Die Zeitungsleute [...] hatten Geschrei und Lügen in die Spalten gepreßt"[97], ist offenkundig, wenngleich diesmal die Regierungsstellen der Lü-

---

[94] Werkstattgespräch. Horst Bienek im Gespräch mit Wolfgang Koeppen. In: Merkur 16, Heft 172, 1962. Zitiert nach: Koeppen, Wolfgang: Einer der schreibt, S. 27.
[95] Bericht aus Bonn. Zitiert nach: Koeppen, Wolfgang: Einer der schreibt, S. 204.
[96] Ebd., S. 206.
[97] Tauben im Gras, S. 210.

ge bezichtigt werden und unerwähnt bleibt, was die Zeitungen davon tatsächlich drucken: „Wie Flut und Ebbe liefen [...] die ‚Mitteilungen an die Presse', [...] die sich mit den Anpreisungen der Ämter, mit der Unterrichtung der Öffentlichkeit, mit der Bundespropaganda, der Verhüllung, Vernebelung und Verschweigung von Ereignissen, der Beschwichtigung, den Dementis von Lügen und Wahrheiten beschäftigten [...]." [56]

Keetenheuve, vor dem Krieg selbst Journalist gewesen (wie Koeppen), trifft auf einen alten Bekannten, den leitenden Redakteur Mergentheim, der sich durch den Krieg hindurch mal hier, mal dort (um Koeppens Formel zu verwenden) untergestellt hatte und „mit leidlich weißer Weste ein gesuchter und geförderter Mann des Wiederaufbaus geworden" [58] war. Auch die Figur Mergentheim ist wiederum symptomatisch für eine restaurative Gesellschaft, die ihre Geschichte hinter sich lassen will: „Konnte er etwas dafür, daß alles so gekommen war? Er war der Mann volkstümlich erklärender Betrachtungen, nicht unkritisch, wenn es nicht direkt den Kopf oder die Stelle kostete, und schließlich hatte er den Beruf des Zeitungsmannes und nicht des Märtyrers gewählt." [59] Mergentheim konfrontiert Keetenheuve mit einem Gerücht, das er in der Zeitung kolportieren und das den Abgeordneten zu Fall bringen könnte. Keetenheuve sei während des Krieges Major in England gewesen und wäre damit als „Vaterlandsverräter" für das deutsche Parlament nicht tragbar, entsprechende Fotos könne man leicht fälschen. Keetenheuve hält die falsche Unterstellung für zu lächerlich, um sich dagegen zu verteidigen, er sei (wie Koeppen) „ehrlich stolz darauf [...], nie eine Uniform getragen zu haben" [65]. Man kann die nun folgende Selbstreflexion Keetenheuves als eine nachträgliche pazifistische Standortbestimmung Koeppens verstehen, der sich wiederholt Vorwürfe machte, die NS-Diktatur nicht aktiv bekämpft zu haben (Koeppen in seiner Büchnerpreisrede: „Ich zähle aber auch, ich kann es nicht ändern, zu einer Generation, die leider nicht die Unmenschlichkeit, die Macht in ihrer bösesten Gestalt genug geärgert und bekämpft hat und deshalb der Welt zu einem Ärgernis geworden ist."[98]). Keetenheuve formuliert es so:

> „Kein Toter nützt seinem Vaterland, und die Menschen fallen bestenfalls für Ideen, die sie nicht begreifen und deren Konsequenz sie nicht übersehen. Die geschundenen Krieger auf den Schlachtfeldern [...] waren die Opfer zänkischer, überaus eigensinniger, rechthaberischer und gänzlich unfähiger Denker, die in ihrem verdrehten armen Kopf keine Klarheit schaffen konnten und die sich außerdem gegenseitig nicht verstanden und nicht ausstanden. Vielleicht waren die Heere aber auch verworrene Schöpfungsgedanken Gottes, die gegeneinander losgingen." [65]

---

[98] Koeppen, Wolfgang: Rede zur Verleihung des Georg-Büchner-Preises. In: GW 5/257.

Bemerkenswert an dieser Philosophie ist wiederum, dass der Zweite Weltkrieg nicht als singuläre Katastrophe gesehen wird, sondern alle Kriege seit Menschengedenken einbezogen werden. Die Wortwahl („Krieger", „Schlachtfelder", „Heere") lenkt den Blick sogar weg vom jüngsten Krieg, der ja nicht nur mit Menschen, sondern auch mit erheblichem technischen Aufwand geführt wurde. Der letzte Satz verrät gar eine Art (religiösen) Fatalismus und korrespondiert erneut mit Koeppens an anderer Stelle bereits erörtertem Geschichtsverständnis. Keetenheuves Reflexion wird allerdings noch konkreter:

„Er sprach in England. Er kämpfte hinter dem Mikrophon, und er kämpfte nicht zuletzt für Deutschland, wie er meinte, für Tyrannensturz und Frieden; es war ein guter Kampf, und nicht er mußte sich schämen. Ein Ende dem Wahnsinn, hieß die Losung, und ein früheres Ende wäre von größtem Nutzen für die Welt gewesen und von allergrößtem für Deutschland. Keetenheuve fühlte sich einig mit allen Widerständischen, einig selbst mit den Militärs unter ihnen [...]." [67]

Auch dies muss wohl als nachträgliches Bekenntnis Koeppens gelten, der zum eigenen Leidwesen – trotz seiner Ablehnung Hitlers („die von mir, dem einzelnen, dem Außenseiter von Beginn an als schrecklich, als unheilvoll empfundene Bewegung"[99]) – kein Widerstandskämpfer war. Mergentheim macht Keetenheuve jedoch klar (dies wieder ein Hinweis des Erzählers auf die politische Restauration), dass die Abgeordneten den Widerstand in der neusten Auflage des Bundestags-Jahrbuches bereits wieder aus ihrem Lebenslauf gestrichen hätten.

Während Keetenheuve erlebt, wie die Macht der Presse mit manipulativen Mitteln gegen ihn verwendet werden kann, erfährt er in einer weiteren Szene das Wohlwollen der Presse in Gestalt des Korrespondenten Philip Dana, der uns als „ein lieber Gott der wahren Gerüchte" [69] vorgestellt wird. Es geht bei der Presse also, wohlgemerkt, nicht um Wahrheit, aber nun immerhin schon um „wahre Gerüchte". Dana[100], Leiter eines internationalen Nachrichtendienstes, überlässt Keetenheuve eine Meldung, die er in seiner Bundestagsrede gegen die Wiederbewaffnung Deutschlands verwenden solle und die im Parlament wie „reines Dynamit" wirken werde. Gemeint sind die Äußerungen zweier Generäle der Siegermächte England und Frankreich, die in den Wie-

---

[99] Koeppen, Wolfgang: Rede zur Verleihung des Georg-Büchner-Preises. In: GW 5/258.
[100] Der Nachname „Dana" ist einer von vielen „sprechenden" Namen in Wolfgang Koeppens Werk. Die „Deutsche Allgemeine Nachrichtenagentur" (Dana, ab 1947 Dena) belieferte nach dem Krieg die amerikanisch lizenzierten Zeitungen. Nach der Fusion mit dem „Deutschen Presse Dienst" (dpd) ging daraus 1949 die „Deutsche Presse-Agentur" (dpa) hervor. Die Berufung des ersten dpa-Chefredakteurs, SPD-Mitglied Fritz Sänger, wollte Konrad Adenauer verhindern. (Vgl. Glaser, Hermann: Deutsche Kultur. Ein historischer Überblick von 1945 bis zur Gegenwart. Carl Hanser Verlag, München/Wien 1997, S. 156).

derbewaffnungsplänen und somit dem „durch Verträge zu unterbauenden Lauf der Politik" [71] vor allem „die Verewigung der deutschen Teilung sahen und in dieser Teilung den leider einzigen Gewinn des letzten großen Krieges." [71] Was war daran Dynamit? Der Journalist und Schriftsteller Bernt Engelmann erläutert den Kontext: „Immerhin gab es zwei Themen politischer Natur, die die Gemüter der Bundesbürger von 1950 zu bewegen vermochten, nämlich die, wie sie meinten, ‚offene Frage' einer Wiedervereinigung Deutschlands und die plötzlich aktuell gewordene Möglichkeit einer Remilitarisierung. Beide Fragen beschäftigten auch Bundeskanzler Adenauer, nur daß er dazu eine ganz andere Meinung hatte als die Mehrheit der Westdeutschen, auch wenn er das nicht offen bekannte."[101]

Doch unser Abgeordneter wäre kein Außenseiter, hätte er sich über diese Meldung freuen können: „Keetenheuve hatte sein Dynamit. Aber er mochte keine Sprengkörper. Alle Politik war schmutzig, sie glich den Gangsterkämpfen, und ihre Mittel waren dreckig und zerreißend; selbst wer das Gute wollte, wurde leicht zu einem anderen Mephistopheles, der stets das Böse schafft; denn was war gut und was war böse auf diesem Feld, das sich weit in die Zukunft ausdehnte, weit in ein dunkles Reich?" [72]

2.8. Der Dichter Keetenheuve

Statt sich seiner Arbeit als Bundestagsabgeordneter zu widmen, resigniert Keetenheuve vor dem Berg an Briefen auf seinem Schreibtisch, die allesamt der Beantwortung harren: „Der Tisch lag voll Post, voll Bitten, voll Hilferufe; er lag voll von Beschimpfungen und unlösbaren Problemen." [73] Trauernd über Elkes Tod versucht sich Keetenheuve an der Übersetzung eines Gedichts von Baudelaire, das er auf sein MdB-Papier schreibt. Die Situation sei, so Erhard Schütz, „ein genaues Bild der Melancholie, der Unfähigkeit zur Trauer, wie Freud sie klassisch beschrieben hat."[102] Denn das Gedicht „Le beau navire" (Das schöne Schiff) handelt von einer Kindfrau, wie Elke eine war. Schütz führt weiter aus, dass „Le beau navire" Baudelaires „Blumen des Bösen" entstammt, und zwar einem Teil, der mit „Spleen und Ideal" überschrieben ist. „'Spleen' ist aber ein damals gängiger Begriff für Melancholie gewesen."[103] Überdies habe Baudelaire sich lange mit dem Gedanken getragen, die „Blumen des Bösen" unter dem Titel „Die Lesbierinnen" zu veröffentlichen. Daraus ergeben sich weitere Zusammenhänge, wenn man die Interpretationen Walter Benjamins über Baudelaire mit einbezieht:

---

[101] Engelmann, Bernt: Wir sind wieder wer. Auf dem Weg ins Wirtschaftswunderland. Zitiert nach: Götze, Karl-Heinz: Das Treibhaus, S. 21.
[102] Schütz, Erhard: Der Dilettant in der geschriebenen Geschichte. In: Oehlenschläger, Eckart: Wolfgang Koeppen, S. 283.
[103] Ebd.

„Die Figur der lesbischen Frau gehört im genauen Sinn zu den heroischen Leitbildern Baudelaires. [...] Das neunzehnte Jahrhundert begann, die Frau in den Prozeß der Warenproduktion einzubeziehen. Alle Theoretiker waren sich einig, daß ihre spezifische Weiblichkeit so gefährdet würde, männliche Züge mußten im Laufe der Zeit notwendig an der Frau in Erscheinung treten. Baudelaire bejaht diese Züge; gleichzeitig aber will er sie der ökonomischen Botmäßigkeit streitig machen. So kommt er dazu, dieser Entwicklungstendenz der Frau den rein sexuellen Akzent zu geben. Das Leitbild der lesbischen Frau stellt den Protest der ‚Moderne' gegen die technische Entwicklung dar."[104]

Schütz folgt: „Nimmt man diese Interpretation an, dann heißt das für *Das Treibhaus*, daß Koeppen darin der Figur des Protests nicht mehr traut, sie selbst dorthin überstellt, woher sie im Anfang der Moderne kam, ins feindliche Lager der Technikwelt. Das ist eine, bemerkenswerte, Modifikation. Wichtiger scheint hier jedoch, festzuhalten, was in der Modifikation *konstant* bleibt: das obsessive Bild von Technikfurcht und homosexueller Frau."[105] – und Mann, muss hinzugefügt werden: Denn nicht nur Wanowski entspricht dem von Schütz skizzierten Bild, sondern auch der potente Maschinenmensch Frost-Forestier, der sich am Ende des Romans als homosexuell entpuppt.

Wir erhalten mit der Übersetzungsszene in Keetenheuves Abgeordneten-Büro den deutlichsten Hinweis darauf, dass Keetenheuve nicht nur Rezipient der zeitgenössischen Lyrik ist, sondern möglicherweise selbst bereits als Autor und Übersetzer tätig war. An anderer Stelle haben wir schon erfahren, dass er zumindest eine journalistische Vergangenheit hat. Martin Hielscher will noch weitere Indizien für eine (literarische) Autorschaft Keetenheuves gefunden haben. Der Abgeordnete sei an mehreren Stellen des Romans ausdrücklich als Autor geschildert worden, „umgeben von lauter Entwürfen und Skizzen"[106]. Diese Interpretation würde zwar zweifellos zur Konzeption der Figur passen, scheint mir aber dennoch nicht zutreffend. Hielscher führt zwei Belege an und nennt dabei nur die Seitenzahlen, nicht aber die Textstellen, die da lauten: „[...] sie *[Elke, Anm. d. Verf.]* eiferte gegen die zahllosen Schriften, Papiere, die Hefte, die Journale, die Ausschnitte und Entwürfe [...]" [17] und „Ein Tisch war mit Papieren bedeckt, mit Skizzen, mit Entwürfen, mit halb konzipierten Reden, Eingaben, Beschlüssen, mit angefangenen Aufsätzen, mit liegengelassenen Briefen." [149]. Hier ist das ganz normale Material eines Politikers, nicht zwangsläufig eines Schriftstellers, beschrieben. Im zweiten Zitat ist explizit von „halb konzipierten Reden, Eingaben, Beschlüssen" die Rede. Hielscher

---

[104] Benjamin, Walter: Charles Baudelaire. Ein Lyriker im Zeitalter des Hochkapitalismus. Zitiert nach: Schütz, Erhard: Der Dilettant in der geschriebenen Geschichte. In: Oehlenschläger, Eckart: Wolfgang Koeppen, S. 284.
[105] Ebd.
[106] Hielscher, Martin: Zitierte Moderne, S. 90.

will mit seiner These weiter argumentieren, dass die Hauptfigur Keetenheuve „potentiell zum Autor des ganzen Romans avanciert"[107]. Als Belege nennt er die häufig im Roman eingefügten, kursiv gedruckten, Selbstreflexionen Keetenheuves, in denen er „die – schriftliche – Gedankenwelt Keetenheuves"[108] entdeckt zu haben glaubt. Diese Reflexionen seien allesamt Zitate, meint Hielscher. „Gemeinsam ist den Zitaten, daß sie schon geschriebene Zeugnisse sind."[109] Auch dagegen spricht einiges. Die kursiven Hervorhebungen sind mal kurze Versuche einer Identitätsbestimmung Keetenheuves („*Keetenheuve Romantiker*" [68], „*Keetenheuve Held der Sage*" [117], „*Keetenheuve Führer*" [124] etc., Götze hat alle aufgelistet[110]), mal längere surreale Assoziationsketten:

> „*Ein Hermaphrodit ein lieblicher. Wo war das? Am Meer, am Strand? Vergessen. Sagesse, ein Gedicht von Verlaine. Weisheit, schön und melancholisch. Ich küsse Ihre Hand, Madame. Ein Sänger. Weibisch. Strandgut. Ich küsse Ihre Hand. Flüsterer. Wie hieß er? Paul. Küsse Ihre Hand, Herr Paul. Monsieur Frost. Frost-Forestier, der Matjesmotor, die Specktunkenhochleistungsmaschine. Das Denkelektron. Zweitonbändermann. Stahlgymnast. Männlich. Ruhiges Membrum. Was will er? Der Hering wird abserviert. Armer Fisch. Witwer. In Salz gelegt. Frost-Forestier Junggeselle. Leidenschaftslos. Unbestechlich. Frost-Forestier der Unbestechliche. Robespierre. Keine große Revolution. Weit und breit nicht. Spürt's im Urin. Was? Einen Kitzel? Gefährlich leben. Latriniert mit Landsern. Latrinenparolen. Informiert Dunkelmänner. Kohlenklau Feind hört mit. Dunkler Ätherdschungel. Latrinen. Pißt Wellen in den Äther. Latrinen. Hakenkreuz an der Wand. Die Interessenvertreter. Kennen ihren Referenten. Bockbier. Pisse.*" [87f.]

Letzteres Beispiel findet sich in einem Kontext, in dem Frost-Forestier dem unliebsamen Keetenheuve anbietet, die deutsche Gesandtschaft in Guatemala anzunehmen (um ihn damit sanft aus dem Verkehr zu ziehen). Die sich daraufhin abspielende Dialogszene ist aber derart rasant aus Er-Erzählung, wörtlicher Rede Frost-Forestiers und Keetenheuves und eben dem Kursivtext montiert, dass Keetenheuve währenddessen wahrlich keine Zeit zum Schreiben bleibt. Einschübe wie „*Der Hering wird abserviert*" machen es überdies nicht plausibel, dass jemand diese Gedanken nachträglich zu Papier bringt (Frost-Forestier und Keetenheuve treffen sich in einer Kantine und essen tatsächlich Hering, der in diesem Moment wohl tatsächlich abserviert wird). Es handelt sich vielmehr um einen inneren Monolog Keetenheuves, in dem er auf immer neue Momente seiner erlebten Situation immer neue Assoziationen und Imaginationen entwickelt. Die Vermengung von Zitaten aus Mythologie,

---

[107] Hielscher, Martin: Zitierte Moderne, S. 91.
[108] Ebd., S. 90.
[109] Ebd., S. 91.
[110] Vgl. Götze, Karl-Heinz: Das Treibhaus, S. 116ff.

Lyrik, Schlager (in den anderen Kursivtexten werden noch eine Reihe weiterer Bereiche zitiert) und eigenen Wortkreationen weist allerdings darauf hin, dass Keetenheuve über ein hohes Maß an literarischer, ästhetischer Wahrnehmungsfähigkeit verfügt. Somit bleibt – entgegen Hielschers Auffassung – der Baudelaire-Übersetzungsversuch die einzige Textstelle, in der der Politiker aktiv schreibt – womit er freilich bereits mehr zu Papier gebracht hat als der Schriftsteller Philipp in „Tauben im Gras". Vielleicht ist es kein Zufall, dass Martin Hielscher seine These in seiner nur kurze Zeit später veröffentlichten Koeppen-Monographie relativiert.[111]

Von der Kritik wurde die Figur Keetenheuve oft als unglaubwürdig abqualifiziert. Auch der Koeppen-Forscher Erlach hält die Konzeption des Politikers als Freizeitübersetzer für eine Schwäche des „Treibhauses":

„Keetenheuves Gedankengänge über Politik, Gesellschaft und die menschliche Existenz, die immer an sinnlich konkrete Beobachtungen der Außenwelt knüpfen und dorthin auch zurückkehren, zeigen eine deutliche Neigung zur Metapher. Das paßt zu der Figur des Helden, der die Poesie liebt und statt die Schreibtischarbeit eines Abgeordneten zu leisten lieber Baudelaires ‚Le beau navire' übersetzt. Es liegt hierin aber auch eine Schwäche des Romans. Koeppen kommt zwar auf diese Weise nie in Gefahr, sein Erzählen zum bloßen politischen Traktat werden zu lassen, aber die Bildlichkeit in Keetenheuves Bewußtseinsaufzeichnungen verstellt andererseits auch die Möglichkeit kritischer Analyse der politischen und gesellschaftlichen Situation, und damit wird die aufklärerische Relevanz des Romans abgeschwächt."[112]

Man könnte Erlach zustimmen, wenn es sich um ein Lehrbuch für den Geschichtsunterricht handelte. Dies aber als Schwäche des Romans auszulegen, hieße, dem Roman eine gattungsfremde Funktion aufzuoktroyieren. Koeppen nimmt für sein Buch ja bewusst eine „eigene poetische Wahrheit" [5] in Anspruch, um sich von einer politisch-historischen Wahrheit abzusetzen. In einem Interview stellt Koeppen die poetische Wahrheit sogar als höherwertig dar: „Die poetische Wahrheit ist Wahrheit, die politische Wahrheit [...] ist ein Phantom und hat keinen Bestand, sie ist ein nebulöses Wunschgebilde."[113]

---

[111] Dort schreibt Hielscher: „Koeppen hat in den Romantext kursiv abgesetzte Zeilen eingefügt, die die ‚Einbildungen' und Projektionen Keetenheuves auf die Spitze treiben, aber auch kenntlich machen. Sie können wie Auszüge aus den Texten gelesen werden, die Keetenheuve ‚denkt' oder schreibt oder wie Zeitungsschlagzeilen, in denen der sich unaufhörlich in allen möglichen Existenzformen imaginierende und spiegelnde Abgeordnete auf einer dieser Existenzformen festgelegt wird." (Hielscher, Martin: Wolfgang Koeppen, S. 93).
[112] Erlach, Dietrich: Wolfgang Koeppen als zeitkritischer Erzähler, S. 104.
[113] Bericht aus Bonn. Zitiert nach: Koeppen, Wolfgang: Einer der schreibt, S. 204.

Unnötig zu erwähnen, dass Keetenheuve an der Übersetzung scheitert. Lediglich die Überschrift steht einsam auf dem Abgeordnetenpapier, aber schon in der ersten Gedichtzeile bleibt der Dichter stecken: „[...] er suchte das richtige Wort, den adäquaten Ausdruck, er sann, er kritzelte, er strich aus, er verbesserte, er versank in ästhetisch wehmütigen Gefühlen." [74] Was Keetenheuve im Roman nicht vermochte, hatte ein anderer in der Wirklichkeit geschafft: „Ich will dir künden, du verzauberndes Entzücken, / die schönen Dinge, die mir deine Jugend schmücken; / ich male deine Schönheit dir; / wo sich der Reife Pracht gepaart des Kindes Zier."[114] – so lautet „Le beau navire" in der deutschen Übersetzung von Carlo Schmid, Oppositionspolitiker während der Adenauer-Ära und SPD-Bundestagsabgeordneter von 1949 bis 1972.

2.9. Die ästhetische Existenz

In berufsbedingt stereotypen Situationen, so zum Beispiel während einer Ausschusssitzung, überkommt Keetenheuve immer wieder die Trauer um seine verstorbene Frau. Er sieht im Nachhinein in Elke eine nicht genutzte Chance: „Elke war die Chance gewesen, die Chance für ein anderes Leben. Vielleicht. Er hatte die Chance verspielt." [150] Im Kontext seiner Reflexionen fällt kommentarlos der Name Kierkegaard. Auf Søren Kierkegaard spielt Koeppen in den Romanen immer wieder an, um die Schwermut und Melancholie der „ästhetischen Existenz" zu verdeutlichen.[115] Besonders deutlich wird das an folgender Textstelle: „Die Öde war sanft. Die Öde tat ihm nichts. Sie griff nicht nach dem Abgeordneten mit langen Gespensterarmen. Sie würgte ihn nicht. Sie war nur da. Sie blieb nur. [...] alles war die Öde, war das Nichts in einer schrecklichen Unendlichkeit, die unzerstörbar war, denn selbst der Untergang berührte das Nichts nicht. Das Nichts war die wirkliche Ewigkeit." [102]

Nach Kierkegaard ist die „ästhetische Existenz" dadurch gekennzeichnet, dass sie sich die Welt nur durch ihre Sinne einverleiben und sich selbst in ihrer Intellektualität genießen kann, ohne jedoch darin eine ihrem Anspruch auf absolute Erfüllung genügende Befriedigung zu finden. Eine Lustempfindung, wie intensiv sie auch sein mag, ist nicht von Dauer, und so verzweifelt die „ästhetische Existenz" schließlich in Ermangelung eines unbedingt verbindlichen Handlungsmaßstabes. Das Gegenmodell, die „ethische Existenz", hat diesen Zustand überwunden und ist der Auffassung, dass, wer sich nur vom Lustprinzip leiten lässt, Sklave seiner naturwüchsigen Begierden – und damit unfrei – ist. Es bedarf daher eines Aktes der Freiheit im Sinne autonomer Selbstbestimmung, durch den ein neuer Horizont eröffnet wird.[116]

---

[114] Baudelaire, Charles: Die Blumen des Bösen. Übertragen von Carlo Schmid. Zitiert nach: Eggert, Stefan: Wolfgang Koeppen. Edition Colloquium im Wissenschaftsverlag Volker Spieß, Berlin 1998, S. 54.
[115] Vgl. Hielscher, Martin: Wolfgang Koeppen, S. 90.
[116] Vgl. Pieper, Annemarie: Die Wahl der Freiheit als die Freiheit der Wahl. In: Baumgartner, Hans Michael (Hg.): Prinzip Freiheit. Verlag Karl Alber, Freiburg/München 1979, S. 75ff.

Angesichts dieser Kierkegaardschen Theorie ist es nötig, vorab einen Blick auf den Schluss des „Treibhauses" zu werfen. Keetenheuves Selbstmord erscheint in einem völlig anderen Licht, wenn Koeppen schreibt: „ein Sprung von dieser Brücke machte ihn frei." [190] Der selbst gewählte Tod darf dann nicht ausschließlich als letzte Konsequenz einer großen Verzweiflung an den politischen Verhältnissen verstanden werden, sondern muss auch als horizonterweiternder Akt der Freiheit gelten (was allerdings Kierkegaard mit seinem Modell einer „ethischen Existenz" gewiss nicht intendiert hatte). Das Versagen in der Politik dürfte für den Selbstmord vielleicht sogar eine geringere Rolle gespielt haben als das Versagen gegenüber Elke, wie Quack bemerkt: „Keetenheuve geht deshalb so streng mit sich ins Gericht, weil er erkennt, daß die Pflichtverletzung gegenüber seiner Frau zugleich eine Verletzung seines existentiellen Interesses war. Durch sein Versagen glaubt er sich gegen das Leben entschieden zu haben."[117] Koeppen bringt das pointiert zum Ausdruck in dem Gedanken: „Ein Mensch genügte, dem Leben Sinn zu geben. Die Arbeit genügte nicht. Die Politik genügte nicht." [102] Der so gepeinigte Keetenheuve merkt, dass sich der Riss durch sein Leben in verschiedenen Sprachebenen widerspiegelt: „Keetenheuve verstand die Ausschußsprache nicht mehr." Die Merkmale seiner Melancholie finden sich auch bei anderen berühmten Dichtern, etwa bei Georg Büchners „Lenz". Da heißt es in ganz ähnlichen Worten: „[...] die Welt, die er hatte nutzen wollen, hatte einen ungeheuern Riß, er hatte keinen Haß, keine Liebe, keine Hoffnung, eine schreckliche Leere und doch eine folternde Unruhe, sie auszufüllen. Er hatte N i c h t s."[118]

Dass das Beispiel „Lenz" nicht willkürlich ausgewählt ist, belegt das Romanende. Der letzte Satz ist aus Zitaten zusammengesetzt: „Der Abgeordnete war gänzlich unnütz, er war sich selbst eine Last, und ein Sprung von dieser Brücke machte ihn frei." [190] Während Koeppen sich im ersten Teil quasi selbst zitiert („überflüssig bin ich: ein deutscher Schriftsteller."[119]), spielt er sodann auf Büchner an, der sein „Lenz"-Fragment mit den Worten enden lässt: „[...] sein Dasein war ihm eine nothwendige Last. - - So lebte er hin."[120] Lenz lebt – oder vegetiert - im Übrigen nur deshalb (vor sich) hin, weil er mehrfach daran gehindert wird, Selbstmord zu begehen. Keetenheuves frei machender Sprung von der Rheinbrücke verweist wiederum auf Schillers „Wilhelm Tell", wo Gertrud zu ihrem Gatten Stauffacher sagt: „Die letzte Wahl steht auch dem Schwächsten offen, / Ein Sprung von dieser Brücke macht mich frei."[121] Während die Freiheit des Todes bei Schiller aber als rhetorischer Ausweg aus der Unterdrückung gemeint ist, impliziert Keetenheuves Freiheitsbegriff hier we-

---
[117] Quack, Josef: Wolfgang Koeppen. Erzähler der Zeit, S. 177.
[118] Büchner, Georg: Lenz. Eine Reliquie. Deutscher Taschenbuch Verlag, München 1997, S. 51.
[119] Tauben im Gras, S. 54.
[120] Büchner, Georg: Lenz, S. 58.
[121] Schiller, Friedrich: Wilhelm Tell. Schauspiel. Reclam, Stuttgart 1982, S. 15.

niger einen politischen Protest als eine existentielle Notwendigkeit.[122] So mag der Tod für die „ästhetische Existenz" Keetenheuve tatsächlich eine Erlösung sein, da der Abgeordnete „in ein Zitatengrab [springt], den Strom der literarischen Überlieferung".[123]

2.10. Keetenheuves Rede

Die Handlung im „Treibhaus" läuft, ähnlich wie in „Tauben im Gras", auf eine zentrale Rede zu, diesmal Keetenheuves Rede im Bundestag. Die Ausgangssituation hat inzwischen die Resignation des Abgeordneten verstärkt: Der brisante Artikel, der ihm zugespielt wurde, steht in großer Aufmachung in Mergentheims Zeitung, woraufhin Keetenheuve seine Rede ändern muss: „Er sah, daß seine Waffe ihm entwunden, daß sein Dynamit stumpf geworden war." [162] Keetenheuves Exemplar der geheimen Agenturmeldung, das in seinem unordentlichen Büro zwischen hunderten von Briefen und der unvollendeten Gedichtübersetzung „Das schöne Schiff" offen auf dem Schreibtisch lag, wurde von Frost-Forestier abfotografiert, er hatte den „Schatten" der Meldung gestohlen. Keetenheuve weiß, dass der Bundeskanzler die brisanten Äußerungen nun leicht entkräften kann: „[...] er würde die Versicherungen der französischen und der englischen Regierung haben, daß die Äußerungen der Generale bedauerlich und zu dementieren und daß die angestrebte Militärvereinigung ihrem Wesen nach herzlich und von Dauer sei." [163] Darüber hinaus erhält Keetenheuve noch vor der Debatte einen Telefonanruf von Frost-Forestier, der ihm nunmehr mitteilt, dass der Gesandtschaftsposten in Guatemala bewilligt werden würde, „das gehe glatt, was auch geschehen möge" [161].

Koeppen kontrastiert das Geschehen im Plenarsaal des Bundestages mit einem Fußballspiel; er ist davon überzeugt, dass ein solches Spiel die Menschen weit mehr fesselt als die politischen Debatten: „Es ist völlig gleichgültig, wer siegt; niemand wird deshalb hungern, weil Hamburg gewinnt, niemand muß entsetzlich sterben, weil Borussia mehr Tore schießt, aber zwanzigtausend Zuschauer beben." [163f.] Im Bundestag bebt niemand. Dort kennt man das Torverhältnis zwischen den Gegnern schon vorher, deshalb interessiert die Menschen das zugehörige politische Ritual nicht. Mit bitterem Sarkasmus entwirft Keetenheuve in seiner Imagination ein Kriegsszenario angesichts der bevorstehenden Debatte um die Wiederbewaffnung Deutschlands:

> „Das Spiel im Plenarsaal erreicht jedermanns Brot, es kann jedermanns Tod sein, es kann diese Unfreiheit und jene Sklaverei mit sich bringen, dein Haus kann einstürzen, deinem Sohn können die Beine weggeschossen werden, dein Vater muß nach Sibirien, deine Tochter gibt sich drei Männern für eine Fleischbüchse, die sie mit dir teilt, du schlingst sie hin-

---

[122] Vgl. Quack, Josef: Wolfgang Koeppen. Erzähler der Zeit, S. 187.
[123] Hielscher, Martin: Zitierte Moderne, S. 127.

ab, du hebst Kippen auf, die einer in den Rinnstein spuckte, oder du verdienst an der Aufrüstung, du wirst reich, weil du den Tod ausstattest […], und die Bomben, die Kugeln, die Verstümmelung, der Tod, die Verschleppung erreichen dich erst in Madrid, du bist noch in deinem neuen Wagen hingekommen […], lohnt es sich? Nein, es ist nicht zu schwarz gesehen; aber im Plenarsaal zittert die Spannung nicht, keine Tausend sind bewegt. Mit Recht breitet sich Langeweile aus." [164]

Ähnlich wie Mr. Edwins Vortrag sind die Bundestagsreden völlig ohne Belang, niemand hört zu, „die Journalisten kritzeln Männchen auf ihr Papier" [164], auch sie kennen das Ergebnis der Abstimmung bereits. Als Zuspitzung greift Koeppen sogar das Motiv des Schlafens wieder auf: „Ach, und schon gähnte einer der Volksvertreter. Ach, und schon schlummerte einer. Ach, und schon schrieb einer nach Hause: Vergiß auch nicht, bei Unhold anzurufen, daß er die Spülung mal nachsieht, sie tropft immer in der letzten Zeit." [165]

Keetenheuves Rede wird nicht wörtlich zitiert. Wir erfahren indirekt, dass er einige abgewogene Worte im Sinne seines Parteichefs vorträgt. Alles weitere findet in der Imagination des Abgeordneten statt. In der einzigen wörtlich zitierten Passage bringt Keetenheuve – als letztes Aufbäumen – seine radikal-pazifistische Haltung zum Ausdruck:

„Sie wollen das Heer schaffen, Herr Kanzler, Sie wollen bündnisfähig werden, aber welche Bündnisse wird Ihr General schließen? Welche Verträge wird ihr General brechen? In welcher Richtung wird ihr General marschieren? Unter welcher Fahne wird ihr General kämpfen? Kennen Sie das Tuch, Herr Kanzler, wissen Sie die Richtung? Sie wünschen das Heer. Ihre Minister wollen Paraden. Ihre Minister wollen am Sonntag bramarbasieren, wollen ihren *Männern wieder ins Auge sehen*. Schön. Lassen Sie die Dummköpfe, innerlich verachten Sie sie, aber wie ist es mit Ihrem Traum, Herr Kanzler, auf einer Lafette beerdigt zu werden? Sie werden auf einer Lafette beerdigt werden, aber Ihrem Ehrensarg werden Millionen von Leichen folgen, die nicht einmal mehr billiges Tannenholz deckt, die verbrennen, wo sie gerade stehen, die dort von der Erde begraben werden, wo die Erde aufreißt. Werden Sie alt, Herr Kanzler, werden Sie uralt, werden Sie Ehrenprofessor und Ehrensenator und Ehrenrektor aller Universitäten. Fahren Sie mit allen Ehren auf einem Rosenwagen zum Friedhof, aber meiden Sie die Lafette – das ist keine Ehrung für einen so klugen, für einen so bedeutenden, für einen genialen Mann!" [169]

Auch wenn Keetenheuve den weiteren Lebens- und Sterbeweg des Bundeskanzlers (Adenauer) prophetisch vorhersagt[124] und ein düsteres Zukunftsszenario beschreibt, zeigt das Plenum nach seiner flammenden Rede wenig Reaktionen. Das hat seinen Grund: „Hatte Keetenheuve die Worte wirklich gerufen, oder hatte er sie wieder nur gedacht?" [170] Quack sieht darin ein gravierendes Problem in Koeppens Darstellung: „Es ist merkwürdig und erklärungsbedürftig, daß der Erzähler es offen läßt, ob Keetenheuves Rede im Bundestag, die in Teilen wörtlich zitiert wird, tatsächlich gehalten wird oder ob sie ein stummer Monolog ist".[125]

Doch die Hinweise, dass Keetenheuve die Rede tatsächlich *nicht* gehalten hat, scheinen mir sehr deutlich. Eine Rede mit einer derart rhetorisch zugespitzten Dramatik hätte wohl auch das abgestumpfteste Bundestagsplenum aufhorchen lassen. Nicht zufällig schildert Koeppen die (Nicht-)Reaktionen: „Der Kanzler stützte weiterhin ruhig den Kopf in die Hand. [...] Der Präsident blickte gelangweilt auf seinen Bauch. [...] Seine Fraktion klatschte obligatorisch." [170] Das sind Indizien dafür, dass die Rede nur in Keetenheuves Imagination stattgefunden hat. Außerdem irrt Quack: die Rede wird nicht „in Teilen" wörtlich zitiert, sondern es wird ironischerweise ausschließlich der Teil als wörtliche Rede gekennzeichnet, der eben nicht gesprochen wurde – es wäre der einzige Debattenbeitrag gewesen, der aus der belanglosen Wortflut herausgefallen wäre. Auch Keetenheuves Fazit ist bezeichnend: „Er hatte den Kampf verloren. Die Verhältnisse hatten ihn besiegt, nicht die Gegner." [174] Die Gegner hatten ihn deshalb nicht besiegt, nicht wirklich besiegen können, weil ja – wie oben erwähnt – das Abstimmungsverhältnis schon vorher feststand. Die Verhältnisse aber haben Keetenheuve besiegt, weil er seine kühne, pazifistische, kassandrahafte Rede nicht gehalten hat und so ein Teil des von ihm verabscheuten Apparates geworden ist. „Was blieb Keetenheuve? Es blieb ihm, sich dreinzufügen, sich zum Haufen der Fraktion zu halten, mitzulaufen. Alle liefen irgendwo mit [...]". [174]

2.11. Der Schluss

Der Anfang vom Ende beginnt eher harmlos. Keetenheuve streunt durch die Stadt, geht in ein Weinlokal und belauscht die Stammtischgespräche. Der Stammtisch ist unzufrieden mit der Entscheidung im Bundestag, aber Keetenheuve weiß auch, dass der Stammtisch mit jeder anderen Entscheidung genauso unzufrieden gewesen wäre. Der Stammtisch ist das Sinnbild für die satte, prinzipiell mürrische und doch völlig gleichgültige Gesellschaft. Die Schlusssequenz untermalt Koeppen, wie schon in „Tauben im Gras", mit

---

[124] Heinrich Böll kritisierte Adenauers Begräbnis als „ein Schau- und Schauerstück personifizierter Machtüberheblichkeit" (Zitiert nach: Glaser, Hermann: Deutsche Kultur, S. 259).
[125] Quack, Josef: Wolfgang Koeppen. Erzähler der Zeit, S. 188.

seichten Schlagertextfetzen aus den Rundfunklautsprechern der Kneipen, die darauf hindeuten, dass die Menschen vor allem nicht viel denken wollen.

Keetenheuve hatte sich mit dem jungen Heilsarmeemädchen Lena verabredet. Sie ist genauso jung, wie Elke es war – und sie hat es aus Keetenheuves Sicht genauso nötig, von ihm „aufgenommen" zu werden. Da Lena aber schon aufgenommen wurde, nämlich von der älteren Heilsarmeefrau Gerda, beargwöhnt Gerda die Annäherungsversuche des Abgeordneten mit Eifersucht. Gerda ist für Keetenheuve wie Wanowski eine penisneidende Lesbierin; die etwa 16-jährige Lena hingegen weckt in ihm den „Appetit nach Menschenfleisch" [185], den er zuletzt bei Elke verspürt hatte. Noch dazu kommt, auch wenn der Text es nicht explizit ausspricht, dass Keetenheuve in dieser Situation eine späte Rache üben kann. So wie Wanowski und ihre lesbischen Freundinnen ihm damals Elke entrissen haben, so entreißt er Lena der lesbischen Gerda. Diese übt ihr Amt in der Heilsarmee mit dem gleichen Idealismus aus, wie Keetenheuve Politik machen wollte. Er erkennt sich in ihr wieder: „Du bist meine Schwester, wir gehören beide zur selben Hundefamilie. Aber er haßte sein Spiegelbild, das närrische Spiegelbild seiner Vereinsamung." [183] Um die Grausamkeit zu steigern, zwingt er Gerda Lieder zur Gitarre zu singen, während er mit Lena in einem Trümmergrundstück öffentlich den Geschlechtsakt vollzieht. Diese und andere Szenen, in denen Keetenheuve mit Wollust abwechselnd nackte Mädchen- oder Knabenschenkel betrachtet, haben dem „Treibhaus" den Vorwurf der Pornographie eingetragen. Die Sexualbeziehungen (die allesamt selbstredend keine „Beziehungen" im konservativbürgerlichen Sinne sind) dienen aber nicht dem Selbstzweck, sondern sind stets eingebunden in die Gesamtkomposition des Romans. So ist zum Beispiel der Bezug auf Baudelaire und das Gedicht „Le beau navire", das ja auch eine Kindfrau besingt, immer mitzudenken. Interessant ist außerdem die Beobachtung von Götze, dass es möglicherweise kein Zufall ist, dass der Radikal-Pazifist Keetenheuve seinen einzigen Triumph im Roman, so schal er auch schmecken mag, über eine *Soldatin* der Heils*armee* erlangt.[126] Vollends grotesk wird die Schlusssequenz, wenn Keetenheuve, während er für sich und Lena ein Plätzchen sucht, zu seinem Widersacher Frost-Forestier hinüberwinkt, der gerade auf ähnliche Weise seine Lust zu stillen gedenkt: Vor Frost-Forestier „stand, lässig und kühn, in freier Haltung, vom Mondlicht überflossen, in seinem bis zum Nabel geöffneten Hemd, in seinen knappen kurzen Hosen, mit mehlbestäubten nackten Waden und nackten Schenkeln der schöne Bäckerknabe". [185]

Etwas salopp formuliert: Keetenheuve ist dem Protagonisten Philipp in „Tauben im Gras" immer ein Stückchen voraus: Er bringt etwas zu Papier (Philipp keine einzige Zeile) und er bringt es zum Beischlaf mit einer jungen Frau (auch das war Philipp mit Kay nicht vergönnt). Und dennoch: „Es war

---

[126] Vgl. Götze, Karl-Heinz: Das Treibhaus, S. 43.

ein Akt vollkommener Beziehungslosigkeit, den er vollzog, und er starrte fremd in ein fremdes, den Täuschungen der Lust überantwortetes Gesicht. Nur Trauer blieb." [189]

Das ist aber nur die eine Schicht des Romanendes. Es gibt eine zweite, zeitweilig parallel ablaufende Schicht, die durch die Bemerkung „alles war unwirklich und überwirklich zugleich" [185] eingeleitet wird. Es ist eine von zwei Passagen im Roman, die sich über die naturgesetzlichen Grenzen von Zeit und Raum hinwegsetzen[127]. In einem surrealen Arrangement begegnen sich in Keetenheuves Imagination alle Figuren des Romans noch einmal. Da diese Passage schon deutlich auf den Selbstmord des Abgeordneten hinweist, ist sie vergleichbar mit einer Todesszene, in der dem Sterbenden die Stationen seines Lebens in rascher Folge vor seinem inneren Auge ablaufen. Keetenheuve rechnet in dieser albtraumhaften Vision mit Institutionen, politischen Repräsentanten und gesellschaftlichen Projekten ab; das Ganze durchsetzt er mit einer Fülle historischer und mythologischer Anspielungen, apokalyptischen Wahnvorstellungen und sexuellen Obsessionen. Beispielhaft soll hier nur eine kurze Passage zitiert werden:

> „Der große Staatsmann kam angefahren, und er durfte in die Werkstatt der Zukunft blicken. [...] Ein Zug von Piefkes bestieg den Obersalzberg und traf sich mit der Omnibusreisegesellschaft der Rheintöchter, und die Piefkes zeugten mit den Wagalaweiamädchen den Überpiefke. Der Überpiefke schwamm die hundert Meter im Schmetterlingsstil in weniger als einer Minute. [...] Er erfand die Mondrakete und rüstete, da er sich bedroht fühlte, gegen die Planeten auf. Schlote erhoben sich wie pralle erigierte Glieder, ein ekler Rauch legte sich um die Erde, und im schwefligen Dunst gründete der Überpiefke den Superweltstaat und führte die lebenslängliche Wehrpflicht ein. Der große Staatsmann warf eine Rose in den Rauch der Zukunft, und wo die Rose hinfiel, entstand ein Quell, und aus dem Quell floß schwarzes Blut." [186f.]

Auf den letzten Romanseiten kann Koeppen durch den wahnhaften Keetenheuve eine Vielzahl von bizarren Szenarien erschaffen, ohne Gefahr zu laufen, dass sie als reale Vorwürfe gegen reale Regierungspolitik verstanden werden und somit als Verleumdungen ein juristisches Nachspiel haben könnten. Auch wenn wieder das Motiv der Rose genannt wird, die auf Adenauer hinweist, kann nicht etwa aus dem Text gelesen werden: „Adenauer will einen Herrenmenschen und einen Weltstaat schaffen". Es ist nicht mit letzter Sicherheit nachzuweisen, ob es sich in der zitierten Szene um Vergangenheitsbewältigung oder Zukunftsvisionen handelt. Koeppen vermeidet sehr bewusst, die Nachkriegspolitik an irgendeiner Stelle des Romans als faschistisch zu denun-

---
[127] Vgl. Götze, Karl-Heinz: Das Treibhaus, S. 108.

zieren.[128] Es gelingt ihm auf subtilere Weise (etwa in der Ausschusssitzung, in der Keetenheuve feststellt, dass nach wie vor im Nazistil Wohnungsbau betrieben wird), die Kontinuität des Faschistischen nachzuzeichnen. Auf den letzten Seiten offenbart Koeppen an Keetenheuve noch einmal seine eigene Intellektualität und Reflexionsfähigkeit. Die historischen Beispiele, die literarischen Zitate, die mythologischen Verweise sind allesamt verifizierbar. Der Abgeordnete, der unter einer solchen Wissenslast leidet, ist im Deutschen Bundestag gleichsam unter- wie überfordert. Für Keetenheuve war der Sprung in den Rhein die einzige Möglichkeit, sich von dieser Last zu befreien.

---

[128] Vgl. Götze, Karl-Heinz: Das Treibhaus, S. 49.

3. Der Tod in Rom

3.1. Zeitgenössische Rezeption

Auch wenn sich der Skandal um das „Treibhaus" wieder gelegt hatte, blieben die Rezensenten Wolfgang Koeppen überwiegend feindlich gesinnt. Dem „Tod in Rom" wurde erneut eine unangemessen destruktive Grundhaltung vorgeworfen. Da war die Rede von der „krankhaften Lust am Untergang", die „in diesem Buch einen eklatanten Ausdruck gefunden"[129] habe, da wurde vom „politisch-destruktiven Roman" eines wurzellosen Intellektuellen ... mit kaum verhüllten anarchischen Absichten"[130] gesprochen oder schlicht von einer „Fuhre literarischen Mülls"[131]. Wie sehr man Koeppens Roman als peinliche Störung bei der Bewältigung der Vergangenheit durch Vergessen und Verdrängen empfand, zeigte auf bezeichnende Weise das Deutsche Allgemeine Sonntagsblatt, das schon in der Überschrift zur Buchbesprechung die Frage stellte, die wohl die Mehrheit des deutschen Volkes bewegte: „Muß das sein? Judejahn."[132] Freilich muss man auch hier wieder ergänzen, dass die Mehrheit des deutschen Volkes den „Tod in Rom" gar nicht zur Kenntnis genommen hat. Die Debatten über Koeppens Sicht der nachkriegsdeutschen Befindlichkeit fanden nicht an den im „Treibhaus" beschriebenen Stammtischen statt, sondern beschränkten sich auf das deutsche Feuilleton.

Manche Rezensenten drohten dem Autor schon wieder unverhohlen mit Zensur: „Aber wenn einer nur die Ausdünstungen seiner schlecht gelüfteten Seele von sich gibt, um die literarische Atmosphäre zu vergiften, so sollten sich alle, die für eine saubere Luft im eigenen Hause verantwortlich sind, dagegen wehren."[133] Die katholisch orientierte „Kölnische Rundschau" offenbarte unfreiwillig mit am deutlichsten, wie Recht Koeppen hatte und wie nötig sein Roman war. Der Rezensent schrieb, dass mit einer Literatur wie dem „Tod in Rom" „der Tod einer gesunden deutschen Epik" gekommen sei, da

---

[129] Tamms, Werner: Perverser Reigen der Gespenster. In: Westdeutsche Allgemeine Zeitung vom 26.11.1954. Zitiert nach: Erlach, D.: Wolfgang Koeppen als zeitkritischer Erzähler, S. 205.
[130] Anonym (G.): Ein Mensch ohne Liebe. In: Badische Neueste Nachrichten vom 1.12.1954. Zitiert nach: Erlach, D.: Wolfgang Koeppen als zeitkritischer Erzähler, S. 205.
[131] Anonym (rd): Wolfgang Koeppen auf der alten Linie. In: Badisches Tageblatt vom 28.10.1954. Zitiert nach: Erlach, D.: Wolfgang Koeppen als zeitkritischer Erzähler, S. 205.
[132] Anonym (TK.): Muß das sein? Judejahn. In: Deutsches Allgemeines Sonntagsblatt vom 5.12.1954. Zitiert nach: Erlach, D.: Wolfgang Koeppen als zeitkritischer Erzähler, S. 205.
[133] Anonym (G.): Ein Mensch ohne Liebe. Zitiert nach: Erlach, D.: Wolfgang Koeppen als zeitkritischer Erzähler, S. 205.

das Buch „zu einer unerhörten Verhöhnung alles Deutschen und des deutschen Menschen schlechthin" werde. Es gebe unter „all diesen Karikaturen des Deutschtums" in Koeppens Romanen keine „einzige anständige Seele", höchstens in *Tauben im Gras* treffe man auf einige wenige achtenswerte Gegenspieler, allerdings: „ausgerechnet ein paar humanitär gesinnte USA-Neger-Soldaten!!"[134] Nicht ganz so drastisch, aber tendenziell ähnlich urteilt Paul Hühnerfeld in der ZEIT über die Figuren Siegfried Pfaffrath und Adolf Judejahn: „Auch der in ehrlicher Abscheu sich von den alten Pfaffraths und Judejahns abwendende Leser muß doch feststellen, daß die alten Recht haben, wenn sie sagen, daß diese beiden jungen Leute nicht viel taugen."[135]

Koeppen urteilt im Rückblick über seine Romane angesichts dieser Kritiken, dass er sowohl inhaltlich wie auch stilistisch „zu früh gekommen"[136] sei. Er weiß sich da einig mit einem Kollegen: „Ich war in Berlin mal mit Günter Grass zusammen. Er sagte mir, was mich sehr freute, diese ersten Bücher von mir hätten ihn sehr angeregt und sehr betroffen. Aber er sei heute der Meinung, diese Bücher seien zu früh erschienen. Dieser Stil und diese Art der Betrachtung sei dem Deutschen völlig fremd gewesen und unsympathisch."[137]

Marcel Reich-Ranicki war der Erste, der durch die mehrheitlich vernichtenden Kritiken Koeppens „Rückzug" in die Reiseliteratur motiviert sah. Dietrich Erlach schließt sich dem an: „Die Enttäuschung des Intellektuellen über die politische und soziale Restauration steigerte sich zur totalen Resignation des Schriftstellers angesichts der Aufnahme seiner kritischen Romane, einer Aufnahme, die auf deprimierende Weise seine Diagnosen weitestgehend bestätigte."[138]

Darüber konnten wohl auch die wenigen positiven Rezensionen nicht hinwegtrösten, deren Autoren gänzlich anderer Meinung waren als die bisher zitierten. So lobt Georg Hensel an Wolfgang Koeppen „die Courage, die Gegenwart als Stoff zu nehmen, und die sprachliche Kraft, daraus tatsächlich ein Stück Literatur (und nicht nur: Reportage, Anklage, Katzenjammer) zu machen."[139] Auch die „Karikaturen des Deutschtums" vermag Hensel nicht zu sehen: „Dieses Personal, so phantastisch es im ersten Augenblick aussehen mag, läßt sich mühelos aus einer einzigen Nummer einer heutigen Tageszei-

---

[134] Sarnetzki, Detmar Heinrich: Politische Tragödie zur Skandalgeschichte versimpelt. In: Kölnische Rundschau vom 23.1.1955. Zitiert nach: Erlach, D.: Wolfgang Koeppen als zeitkritischer Erzähler, S. 205.
[135] Hühnerfeld, Paul: Gespenster in Rom. In: Die Zeit vom 4.11.1954. Zitiert nach: Greiner, Ulrich: Über Wolfgang Koeppen, S. 70.
[136] Bericht aus Bonn. Zitiert nach: Koeppen, Wolfgang: Einer, der schreibt, S. 205.
[137] Koeppen, Wolfgang: Ohne Absicht. Gespräch mit Marcel Reich-Ranicki in der Reihe »Zeugen des Jahrhunderts«. Herausgegeben von Ingo Hermann. Lamuv Verlag, Göttingen 1994, S. 150f.
[138] Erlach, Dietrich: Wolfgang Koeppen als zeitkritischer Erzähler, S. 209.
[139] Hensel, Georg: Zeitkritik und Kolportage. In: Darmstädter Echo vom 19.11.1954. Zitiert nach: Greiner, Ulrich: Über Wolfgang Koeppen, S. 65.

tung ziehen: zweifellos gibt es diese Leute, und sie repräsentieren ganz bestimmte Jahrgänge".[140] Nur mit Koeppens Sexualphantasien ist der Kritiker unzufrieden. Dieses „Sortiment von Perversitäten" seien „Tiefschläge, die sich Koeppen bei seiner eminenten Formkraft nicht leisten dürfte."[141] Hensel versuchte nicht als Einziger, da „Der Tod in Rom" wesentlich von einem jungen Komponisten handelt, mit musikalischen Termini zu urteilen: „Die Melodien der Elegie, des Ressentiments und des Hasses zu alarmierenden Mißklängen komponiert. Jedes Detail von entlarvender Genauigkeit. Prosa in einem hinreißenden Rhythmus."[142] Auch Walter Jens, Alfred Andersch und Erich Franzen lobten, bei einiger Detailkritik, den Roman im Ganzen.

Auf die Figur des Komponisten Siegfried Pfaffrath soll sich im Folgenden die Aufmerksamkeit richten, ist er doch, wie Keetenheuve, nur ein „verkleideter" Schriftsteller. So nennt etwa der Rezensent der Süddeutschen Zeitung Siegfried mit der größten Selbstverständlichkeit einen „Dichter (in der Gestalt eines ‚deutschen Komponisten')"[143].

3.2. Der erste Auftritt des Protagonisten: Siegfried

Der ganze Roman spielt in Rom. Wir begegnen Siegfried zu Beginn des Buches bei einer Orchesterprobe. Er hört zu, wie der Dirigent Kürenberg eine Symphonie von Siegfried mit einem berühmten hundertköpfigen Orchester einstudiert. Schneller als in den vorigen Romanen macht uns Koeppen mit der Biographie und der daraus resultierenden politischen wie künstlerischen Haltung seines Protagonisten vertraut. Einige Motive kennen wir schon: Siegfrieds erste größere Arbeit mit dem Titel „Variationen über den Tod und die Farbe des Oleanders", vermutlich während des Krieges entstanden, war „ein Septett, das nicht aufgeführt wurde."[144] Diese Bemerkung korrespondiert mit Philipps und Koeppens Biographie, deren erstes Buch in der Nazi-Diktatur verboten, später vergessen wurde.

Siegfried beschäftigt sich mit der Zwölftonmusik Schönbergs und Weberns und wählt selbst ebenfalls bewusst diese Kompositionsweise, „die ihn allein schon deshalb anzog, weil sie von den Machthabern verfemt war" [9]. Die künstlerische Ausdrucksform des Komponisten ist also wie beim Schriftsteller Koeppen eine Möglichkeit des Protestes gegen die (politischen) Verhältnisse, „es war Siegfrieds Auflehnung gegen seine Umgebung, gegen das

---

[140] Hensel, Georg: Zeitkritik und Kolportage. Zitiert nach: Greiner, Ulrich: Über Wolfgang Koeppen, S. 65.
[141] Ebd., S. 66.
[142] Ebd.
[143] Franzen, Erich: Römische Visionen. In: Süddeutsche Zeitung vom 20.11.1954. Zitiert nach: Greiner, Ulrich: Über Wolfgang Koeppen, S. 67.
[144] Koeppen, Wolfgang: Der Tod in Rom. Suhrkamp Verlag, Frankfurt am Main 1975, S. 8. Alle weiteren Textstellen werden künftig nach dieser Ausgabe zitiert, die Seitenangabe erfolgt unmittelbar nach dem Zitat im Text.

Kriegsgefangenencamp, den Stacheldrahtzaun, die Kameraden, deren Gespräche ihn anödeten, den Krieg, den er seinen Eltern zuschrieb, und das ganze vom Teufel besessene und geholte Vaterland." [9] Siegfrieds Eltern waren Nazis, und er verachtet sie genauso wie seinen Onkel, einen gefürchteten ehemaligen SS-General, den Koeppen ironischerweise nicht nur „Judejahn" mit Nachnamen, sondern auch „Gottlieb" mit Vornamen getauft hat. Geprägt durch die Erfahrungen in einer Reichsschule der Partei, in der die Jungen militärisch gedrillt wurden (vgl. Koeppens eigene Erfahrungen in Kapitel 2.5.), hat Siegfried (wie Keetenheuve) eine radikal-pazifistische Haltung entwickelt: „[...] in der Junkerschule der Partei hatte Lorbeer gegrünt und in der Kaserne Eichenlaub mit Ranken hin zu Orden und zu Gräbern, und stets hatte ein Bild des verkniffenen, verdrückten Kerls, des Führers mit dem Chaplinbart, wohlwollend auf die Herde der Opferlämmer geblickt, auf die gerade schlachtreifen in Uniform gesteckten Knaben." [10]

3.3. Manipulation der Musik durch Technik

Die Technikskepsis, die Koeppen in den ersten beiden Romanen thematisiert hat, taucht nun auch im dritten auf – schon auf der ersten Buchseite. Mit einem entscheidenden Unterschied: Es geht hier nicht um maschinelle, sondern um musikalische Technik, die ein künstlerisches Werk, die „Sprache" des Komponisten, jedoch genauso verfremden kann. Koeppen verwendet deshalb auch seine obligatorische Tonband-Anspielung: „Falsch klang die Musik, sie bewegte ihn nicht mehr, fast war sie ihm unsympathisch wie die eigene Stimme, die man, auf ein Tonband gefangen, zum erstenmal aus dem Lautsprecher hört und denkt, das bin nun ich, dieser aufgeblasene Geck, dieser Lügner, Gleisner und eitle Fant". [8]

Der Dirigent, der für diese Verfremdung verantwortlich ist, heißt Kürenberg und ist eine Gegenfigur zu Siegfried, nicht allerdings vergleichbar mit dem Technokraten Frost-Forestier, sondern vielleicht mit Mr. Edwin im Verhältnis zu Philipp. Beide, Komponist und Dirigent, sind ja schließlich Künstler – in einer spannungsvollen Beziehung allerdings, sie stehen ähnlich zueinander wie ein Schriftsteller zu seinem Lektor oder ein Dramatiker zu dem Regisseur, der das Drama auf die Bühne bringen soll. Siegfried jedenfalls respektiert Kürenberg zwar für dessen künstlerische Leistung, fühlt sich aber dennoch durch bestimmte Interpretationsweisen des Dirigenten „vergewaltigt":

> „Kürenberg wußte und verstand so viel, und Siegfried hatte so wenig gelernt und war ihm in der Technik unterlegen. Kürenberg glättete, gliederte, akzentuierte Siegfrieds Partitur, und was Siegfried wehe Empfindung war, das Suchen eines Klangs, eine Erinnerung an einen Garten vor aller Geburt, eine Annäherung an die Wahrheit der Dinge, die nur unmenschlich sein konnte, das wurde unter Kürenbergs Hand human und licht, [...] doch Siegfried klang es fremd und enttäuschend, die gebän-

digte Empfindung strebte zur Harmonie, und Siegfried war unruhig, aber schließlich war er artistisch gesinnt und freute sich der Präzision, der Reinheit der Instrumente, der Sorgfalt, mit der die hundert Künstler des berühmten Orchesters seine Komposition spielten." [8]

In Siegfrieds Haltung reflektiert Koeppen seine eigene Theorie über das Schreiben, die vor allem besagt, dass zuviel Theorie schädlich ist. Koeppen hat sich deshalb auch nur selten poetologisch über seine Texte geäußert. Er hat dafür in einer Vielzahl von Essays und Rezensionen immer mindestens ebensoviel über sich selbst mitgeteilt wie über sein jeweiliges Subjekt. Wenn es über Siegfried heißt, er „hatte so wenig gelernt", ist allerdings zunächst erneut eine autobiographische Parallele relevant. Wolfgang Koeppen, schon in der Schule ein Außenseiter, hat nie das Abitur gemacht. Wenn er in Interviews erwähnt, er habe Literaturwissenschaft in Greifswald studiert, mag das verwundern. Das Rätsel löst sich aber schnell, wenn man weiß, dass Koeppen auch nie an der Universität eingeschrieben war. Er setzte sich als „stummer Beobachter" einfach in die Vorlesungen – ohne jemals eine Semestergebühr bezahlt zu haben – und war so wieder einmal „einsam in der Menge". Sein Wissen bezog er aus exzessivem Lesen, sein Studium war stets ein Selbststudium. Die so gewonnenen Erkenntnisse seien „ins Unterbewusste verschwunden, zur Bildung eines Ungebildeten geworden"[145], formuliert Koeppen in einem Brief an Thomas Richner. Insofern kann der Hinweis „Siegfried hatte so wenig gelernt" als Ironie eines Betroffenen verstanden werden, der weiß, dass Schulwissen und künstlerisches Ausdrucksvermögen sich nicht zwangsläufig bedingen.

Ein wichtiges Dokument für Koeppens Verhältnis zur literarischen Theorie ist sein Aufsatz mit dem bezeichnenden Titel „Was ist neu am Neuen Roman?". Als unmissverständliche Standortbestimmung genügt schon die Einleitung: „Beim Wagnis zu schreiben, bei der Verfertigung eines Produktes, das man am Ende einen Roman nennen möchte, lähmt, wie den Tausendfüßler das Gespräch über den Gebrauch seiner Beine, eine Beschäftigung mit der Theorie des Romans den Mut. Der Kranke liest in den Heilbüchern seinen Tod."[146] In der Auseinandersetzung mit seinen französischen Zeitgenossen Claude Simon, Alain Robbe-Grillet und Michel Butor und ihrer Theorie vom „Nouveau Roman" bringt Koeppen ihre Thesen wie Luftblasen zum Platzen („Alle [...] Lehrsätze Robbe-Grillets verstehen sich, meine ich, von selbst. ‚Der Neue Roman ist nichts als die Fortsetzung einer ständigen Entwicklung der Romangattung.' Was sollte, was könnte er anderes sein? ‚Der Neue Roman beschäftigt sich nur mit dem Menschen und seiner Stellung in der Welt.' Womit, wundere ich mich, beschäftigte sich der Alte Roman? [...] ‚Vor dem Werk gibt

---

[145] Richner, Thomas: Der Tod in Rom. Eine existential-psychologische Analyse von Wolfgang Koeppens Roman. Artemis Verlag Zürich/München, 1982, S. 18.
[146] Koeppen, Wolfgang: Was ist neu am Neuen Roman? Zuerst in: Der Tagesspiegel vom 28. Juli 1963. Zitiert nach: GW 6/363.

es nichts, keine Gewißheit, keine These, keine Botschaft.' Eine meisterliche Formulierung! So war es, so ist es, so wird es sein."¹⁴⁷) und freut sich am Ende darüber, dass sowohl Simon als auch Robbe-Grillet ihre Theorie beim Schreiben ihrer eigenen Romane glücklicherweise vergessen: „Ich las und genoß sehr vorzügliche, spannende, mich ergreifende, beglückende Romane, jeder von überzeugender Individualität, von gegenwärtigem Weltgefühl und keiner die Fleißarbeit des Primus einer Literaturschule."¹⁴⁸

Siegfrieds Respekt vor Kürenbergs Wissen, Technik und Präzision ist also weniger ehrliche Hochachtung als vielmehr der Ausdruck eines mangelnden Selbstwertgefühls (was freilich für den Essayisten Koeppen nicht gilt). Vor diesem Hintergrund ist es verständlich, dass Siegfried seine Kunst durch die tadellose Technik Kürenbergs manipuliert sieht, dass sich der Komponist durch den Dirigenten „vergewaltigt" fühlt.

3.4. Innerer Dialog

„Der Tod in Rom" lehnt sich nach dem durchgängigen inneren Monolog Keetenheuves im „Treibhaus" formal wieder mehr an die Segmentierungstechnik in „Tauben im Gras" an. Die Personen im „Tod in Rom" gehören allerdings fast alle zu einer Familie und kennen sich untereinander. So sind die jeweiligen Begegnungen in Rom vorherbestimmt und weniger zufällig als in „Tauben im Gras". Friedrich Wilhelm Pfaffrath, der Vater Siegfrieds, reist mit seiner Frau und seinem zweiten Sohn, dem Karrieristen und Opportunisten Dietrich, nach Rom, um seinen Schwager Judejahn nach Deutschland zurückzuholen. Judejahn war nach dem Krieg in einem arabischen Staat untergetaucht und dort Waffenhändler und militärischer Chefausbilder in Wüstencamps geworden und hat dem Treffen in Rom nur widerwillig zugestimmt, weil seine Sache das Kommandieren ist und er nicht auf fremde Hilfe angewiesen sein will. Die nämlich bietet ihm Pfaffrath an, der unter Hitler Regierungspräsident war und inzwischen wieder demokratisch gewählter Oberbürgermeister seiner Heimatstadt ist – und somit als einflussreiche Persönlichkeit Judejahns Rückkehr arrangieren könnte. Über dessen Taten sei inzwischen Gras gewachsen, „die Zeit des Gehängtwerdens war ein für allemal vorbei" [31] und vielleicht fand sich für Judejahn „eine Stellung im Landwirtschaftlichen Verband" [31]. Im Gefolge von Friedrich Wilhelm Pfaffrath reist auch Judejahns Frau Eva mit nach Rom, die gar nicht so glücklich ist, dass ihr Mann noch lebt, weil sie eine noch konsequentere nationalsozialistische Gesinnung als Judejahn hat: Es wäre ihr lieber gewesen, er hätte heldenhaft im Krieg für Hitler den Tod gefunden. Pfaffrath und Judejahn wiederum sind mit dafür verantwortlich, dass der jüdische Schwiegervater des Dirigenten und ehemaligen Generalmusikdirektors Kürenberg umgebracht wurde und Kürenberg mit seiner Frau emi-

---
¹⁴⁷ Koeppen, Wolfgang: Was ist neu am Neuen Roman? Zitiert nach: GW 6/364.
¹⁴⁸ Ebd., S. 365.

grieren musste. Schließlich hält sich auch Judejahns Sprössling (bezeichnenderweise mit Namen Adolf), neben Siegfried der zweite „missratene" Sohn, in Rom auf, um dort seine Priesterweihe zu empfangen.

Das ist die Ausgangssituation, die wie bei „Tauben im Gras" in zum Teil simultan ablaufenden Handlungssträngen auf ein großes Familientreffen am Schluss zuläuft, bei der Aufführung von Siegfrieds Zwölftonsymphonie. Eine gravierende erzähltechnische Entscheidung hebt den „Tod in Rom" jedoch von den beiden vorigen Romanen ab. Erstmals spricht hier, im zum Teil abrupten Wechsel mit dem auktorialen Erzähler, ein Ich-Erzähler aus der Gestalt des Protagonisten Siegfried. Das hat zur Folge, dass die Perspektive sich wie im „Treibhaus" auf eine Figur verengt und die Selbstreflexionen des Schriftstellers dem Protagonisten unmittelbar zugeordnet werden können, wie auch Erich Franzen feststellt:

> „Die Figuren – mit Ausnahme des Dichters[149] – sind nur in Umrissen gezeichnet. Sie verharren in einer Art Larvenzustand. Man erkennt sie ohne weiteres als Projektionen der Angst- und Wunschträume ihres Schöpfers, gleichzeitig aber spielen sie als aktuelle politische Typen die Rolle zu Ende, die ihnen im wirklichen Leben zufällt. Der alte Nazi muß unter etwas melodramatischen Umständen die Jüdin erschießen, worauf er selbst vom Teufel geholt wird, der opportunistische Vater des Erzählers bringt es im neuen Deutschland wieder zu hohen Ehren, und der Diakon kämpft mit dem Glauben, der ihn vor der Welt schützen soll. Das alles könnte als bloßes Marionettenspiel erscheinen, wenn nicht der Dichter mit seinem gequälten, verzweifelten Ich und seiner vom Gang der Welt enttäuschten Gesinnung dahinter stände. Er ist in Wahrheit die einzige Person der ‚Handlung'".[150]

Was im „Treibhaus" als durchgängiger innerer Monolog verstanden wurde, gewinnt nun durch den Wechsel von Er- und Ich-Erzählung eine bedeutende Facette hinzu, wofür der poetologisch sonst so zurückhaltende Wolfgang Koeppen selber einen Begriff gefunden hat: den des „inneren Dialoges": „Wäre es möglich, nicht den inneren Monolog, sondern den inneren Dialog zu geben? Die Unterhaltung zweier Teilwesen einer gespaltenen Persönlichkeit, die weiter nicht vorgestellt wird. Die Teilwesen könnten gelegentlich auch den Eindruck der Selbständigkeit machen. Sie hätten große Freiheit des Wechsels vom Ich zum Er, leicht sogar zum Du."[151] In dieser Technik sieht Koeppen die Möglichkeit, „[d]ie eigentliche Geschichte wie unter einem Schleier" und in

---

[149] Der Rezensent Erich Franzen bezeichnet den Komponisten Siegfried, wie schon erwähnt, ganz selbstverständlich als Dichter.
[150] Franzen, Erich: Römische Visionen. In: Greiner, Ulrich: Über Wolfgang Koeppen, S. 66.
[151] Koeppen, Wolfgang: Vom Tisch. In: Arnold, Heinz Ludwig: Wolfgang Koeppen, S. 10.

„natürliche[r] Distanz der Zeit von den Ereignissen der Jugend"[152] darzustellen. Interessanterweise bewirkt dieses Verfahren beim Leser genau das Gegenteil. Denn der erste Auftritt des Ich-Erzählers ist so konsequent gestaltet, dass der Protagonist sogar direkt zum Leser spricht:

> „Ich heiße Siegfried Pfaffrath. Ich weiß, es ist ein lächerlicher Name. Aber der Name ist auch wieder nicht lächerlicher als viele andere. Warum mißachte ich ihn so sehr? Ich habe ihn mir nicht ausgesucht. Ich rede gern schamlos drein, aber ich schäme mich, ich gebe mich respektlos und sehne mich danach, achten zu können. Ich bin Tonsetzer[153]. Das ist, schreibt man nicht für das Große Wunschkonzert, ein Beruf, so lächerlich wie mein Name. Siegfried Pfaffrath erscheint nun in Konzertprogrammen. Warum wähle ich kein Pseudonym? Ich weiß es nicht." [14]

Die Distanz zwischen Ich-Erzähler und Leser wird dadurch abgebaut. Keine Figur aus Koeppens Nachkriegsromanen hat sein Publikum so deutlich zur Identifikation eingeladen. Für den Autor, der in seiner Büchnerpreisrede selbst bedauerte, „daß ich in jungen Jahren nicht so klug war, mir einen Decknamen zuzulegen"[154], bedeutet das in der Tat eine größere Distanzierung von seinem Personal. Er versteckt sich hinter dem Komponisten, der kein Pseudonym wählt. Der innere Dialogpartner, das andere Teilwesen der gespaltenen Persönlichkeit, hat hingegen das Pseudonym „Siegfried Pfaffrath" gewählt.

3.5. Musik als Pseudonym für Literatur

Wie der Dichter sich hinter dem Komponisten versteckt, so ist es ohne Weiteres möglich, alle Äußerungen über Siegfrieds Musik auf die Literatur zu übertragen. Am deutlichsten wird das in einer Szene, in der Siegfried bei Kürenberg, dem Dirigenten seiner Symphonie und überhaupt Förderer seiner Musik, zum Abendessen eingeladen ist. Ungefragt wendet sich der „wissende" Kürenberg an Siegfried, der „so wenig gelernt" [8] hatte, und gibt ihm folgende Empfehlung:

> „Ich weiß nicht, für wen Sie Ihre Musik schreiben. Aber ich glaube, daß Ihre Musik eine Funktion in der Welt hat. Vielleicht wird der Unverstand pfeifen. Lassen Sie sich nie von Ihrem Weg bringen. Versuchen Sie nie, Wünsche zu erfüllen. Enttäuschen Sie den Abonnenten. Aber enttäuschen

---

[152] Koeppen, Wolfgang: Vom Tisch. In: Arnold, Heinz Ludwig: Wolfgang Koeppen, S. 10.
[153] Die Bezeichnung „Tonsetzer" verweist auf Thomas Manns Tonsetzer Adrian Leverkühn in „Doktor Faustus". Die Anspielungen auf Thomas Mann – speziell auf seine Novelle „Der Tod in Venedig", die Koeppen unter anderem gleich im Titel „Der Tod in Rom", im Vorspruch und am Ende im leicht abgewandelten Schlusssatz zitiert – sind jedoch so zahlreich, dass ihre Berücksichtigung den Rahmen dieser Studie sprengen würde.
[154] GW 5/254.

Sie aus Demut, nicht aus Hochmut! Ich rate Ihnen nicht, in den berühmten Elfenbeinturm zu steigen. Um Gottes Willen – kein Leben für die Kunst! Gehen Sie auf die Straße. Lauschen Sie dem Tag! Aber bleiben Sie einsam! Sie haben das Glück, einsam zu sein. Bleiben Sie auf der Straße einsam wie in einem abgeschlossenen Laboratorium. Experimentieren Sie. Experimentieren Sie mit allem, mit allem Glanz und allem Schmutz unserer Welt, mit Erniedrigung und Größe – vielleicht finden Sie den neuen Klang!" [52]

Dieser Appell liest sich wie die Selbstvergewisserung eines Schriftstellers. Es handelt sich einerseits um eine grundsätzliche Positionsbestimmung und andererseits um eine Handlungsanweisung für den vorliegenden Roman „Der Tod in Rom", der genau nach diesen Empfehlungen geschrieben zu sein scheint. An dem Zitat wird deutlich, wie aussichtslos das Unterfangen mancher Forscher ist, den Autor Wolfgang Koeppen mit einer einzigen seiner Figuren deckungsgleich machen zu wollen[155]. Denn die Aussagen, die hier aus dem Munde Kürenbergs stammen, beschreiben unter anderem Koeppens eigene Arbeitsweise, der seine Bücher nach langen Spaziergängen durch die Städte oder nach dem Beobachten der Menschen in Straßen und Cafés geschrieben hat[156] – einsam in der Menge.

Den „pfeifenden Unverstand" – Koeppen kennt ihn zur Genüge. Das Enttäuschen der Abonnenten – Koeppen tut es nicht absichtlich, aber er kann gar nicht anders, weil er keine Wünsche erfüllt. Schließlich: Das Experimentieren mit allem Glanz und allem Schmutz der Welt – im „Tod in Rom" ist es vorgeführt. Den Gegensatz zwischen der Hässlichkeit der deutschen Nazi-Gestalten und der Schönheit der Stadt Rom hatte bereits Erich Franzen herausgearbeitet: „Was Koeppen abzubilden sucht, ist die Sinnlosigkeit der menschlichen Geschichte und die Ohnmacht der Kunst. Darum macht er Rom zum Schnittpunkt der Ereignisse, denn hier erheben sich auf blutgedüngtem Boden die herrlichsten Bauwerke, hier haben die Statthalter Gottes ihre weltliche Macht genossen, hier ist das ewige Museum und zugleich das *stinkende Laboratorium* der abendländischen Menschheit."[157] Der Zuspruch Kürenbergs:

---

[155] So beispielsweise Thomas Richner, der 1982 die erste umfangreichere Untersuchung über „Der Tod in Rom" vorgelegt hat: „Bei der Beschäftigung mit dem ‚Tod in Rom' ist man zunehmend geneigt, Siegfried mit Wolfgang Koeppen zu identifizieren, von Siegfried Koeppen zu sprechen. Je länger man sich mit dem Werk befasst, desto mehr ist erkennbar, dass viel eher Adolf dem Autor am nächsten steht." (Richner, Thomas: Der Tod in Rom, S. 12f.).
[156] Vgl. die in Kapitel 1.7. bereits zitierte Äußerung Koeppens: „Bevor ich ein Buch schreibe oder zu schreiben beginne, gehe ich durch die Städte oder durch die Stadt, in der ich lebe, und denke darüber nach. Ich muß dann allein sein, ich nehme auch nicht teil an dem Leben der Stadt, ich gehe als ein Außenseiter durch die Straßen, sitze in den Lokalen und beobachte die Menschen." (Von der Lebensdauer des Zeitromans. Zitiert nach: Koeppen, Wolfgang: Einer, der schreibt, S. 17).
[157] Franzen, Erich: Römische Visionen. In: Greiner, Ulrich: Über Wolfgang Koeppen, S. 68.

"[...] vielleicht finden Sie den neuen Klang!" weckt überdies noch eine weitere, nicht textimmanente, Assoziation. Einmal angenommen, man würde aus dem „Tod in Rom" sämtlichen „Schmutz" herausstreichen: Übrig bliebe ein sprachlich betörender Reisebericht über Rom. Sollte sich hier der neue Klang für Koeppens künftige literarische Produktion schon angedeutet haben?

3.6. Kirchenkritik und Religiosität

Deutlicher als in „Tauben im Gras" und im „Treibhaus" übt Koeppen im „Tod in Rom" Kritik an der Kirche und ihrem Verhalten während des Nationalsozialismus. Das liegt nahe, da sich der Schauplatz Rom mit Sitz des Papstes für eine derartige Auseinandersetzung geradezu aufdrängt. Der Themenkomplex wird angedeutet in der ersten Begegnung zwischen Siegfried und dem angehenden Priester Adolf Judejahn: „[...] ich traute Adolf nicht, ich ging ihm aus dem Weg, und ich dachte gar, daß er wie mein Bruder Dietrich gern in der Uniform steckte oder seinen Vorteil draus holte und sich zu Posten drängte, und darum belustigte es mich, ihn nun im Gewand des Priesters zu sehen, und ich überlegte, in was für Verkleidungen wir doch auftreten, traurige Clowns in einer mäßigen Verwechselungsposse." [64] Siegfried hält Adolf nicht für einen echten Priester, deswegen ist seine erste Skepsis politisch motiviert. Als sich das Missverständnis auflöst und Adolf sich als Diakon vorstellt, der in Rom weilt, um die Priesterweihe zu empfangen, wechselt Siegfrieds Sichtweise zunächst in eine ästhetische, wird dann religionsphilosophisch und endet wieder in der politischen Kritik:

> „[...] eigentlich mag ich die Priester. Ich mag die Priester, die ich nicht kenne. Ich mag die Priester, die ich sehe, ohne sie zu kennen. Ich mag die Priester von weitem, ich mag sie aus sicherer Entfernung. Ich mag die Priester, die lateinisch sprechen, weil ich sie dann nicht verstehe. Ich verstehe sie nicht, aber ihre lateinische Sprache gefällt mir, und ich höre ihnen gern zu. Wenn ich sie verstehen könnte, würde ich ihnen gewiß weniger gern zuhören. Vielleicht verstehe ich sie auch, aber nur ein wenig. Vielleicht bilde ich mir bloß ein, sie ein wenig zu verstehen, und es gefällt mir, weil ich sie, genaugenommen, doch nicht verstehe. Vielleicht verstehe ich sie sogar falsch, aber es gefällt mir dann, sie falsch zu verstehen, und es wird schon richtig sein, wenn ich sie falsch verstehe, denn wenn sie recht haben und es gibt Gott, dann wird Gott mir durch ihren Mund das Richtige verkünden, auch wenn der Mund seiner Diener ganz andere Sätze spricht, als ich sie verstehe. Wenn ich die Wörter der Priester so verstehen könnte, wie die Priester sie reden, würde ich sie nicht mehr mögen. Sicher sind auch die Priester dumm und rechthaberisch und eigensinnig. Sie berufen sich auf Gott, um zu herrschen." [65]

Weder der Ich-Erzähler noch der Er-Erzähler (im weiteren Verlauf des Romans) sprechen aus undifferenziertem Hass gegen das Christentum oder gar gegen Religion überhaupt, sie wenden sich bewusst vor allem gegen die Institution Kirche und ihre obersten Repräsentanten. Koeppen vermittelt mit seiner Kritik erneut eine epochenübergreifende Geschichtssicht, wenn es im „Tod in Rom" heißt: „'Du sollst nicht töten!' [...] Der Pontifex maximus im alten Rom hatte das Gebot nicht gekannt. Er sah freundlich den Gladiatorenkämpfen zu. Der Pontifex maximus im neuen Rom war ein Diener des Dekalogs, er ließ das Gebot lehren, er befahl, es zu halten. Und war nun nicht mehr getötet worden, oder hatte der Hirt der Christenheit sich wenigstens vom Töten abgewandt, er wenigstens, er allein, und hatte vor aller Welt bekannt: ‚Seht, ich bin machtlos, sie töten gegen Gottes Gebot und gegen mein Hirtenwort.'?" [77]

Auch Adolf ist voller Zweifel gegenüber seiner Institution. Er klagt, ähnlich wie von Siegfried angedeutet, über die Verlockungen der Macht, denen mitunter auch die Kirchenfürsten erlagen. Adolf stellt dieses Phänomen wiederum in einen weit reichenden historischen Kontext und beschränkt es nicht auf das Dritte Reich: „Warum ließ die Kirche sich mit Kaisern und Generalen ein? Warum übersah man sie nicht in Purpur und in Fräcken, in lamettabehängten Uniformen und schlichten Diktatorenjoppen, warum erkannte man sie nicht, die sich für schmutzige Händel, für Freßlust und Fickgier, für Gold und Landbesitz und gemeiner Herrschsucht mit Gott verbündeten und das Kreuz mißbrauchen wollten?" [110] Die Tatsache, dass Adolf nicht mit seinem Glauben, sondern mit der Kirche hadert, ist ein weiterer Beleg dafür, dass für Koeppen nicht etwa ein radikaler Atheismus die Konsequenz sein müsste. Er akzeptiert Adolfs ernsthafte Sinnsuche und sieht die Verfehlung darin, dass die Mächtigen Gott und das Kreuz „missbrauchen". In diesem Zusammenhang ist interessant, dass Judejahns Frau Eva die Kirche als Gegner der Nationalsozialisten betrachtet, wenn sie über ihren Sohn sagt: „Der Sohn im Lager der Verräter, der Sohn im weibischen Rock, reichsfeindlicher römischer Pfaffen, er im Bunde mit dem internationalsten Klüngel, vaterlandslos wie die Juden?" [132] Evas Auffassung ist deshalb bemerkenswert, weil hier eine grundlegend andere öffentliche Wahrnehmung der Kirche nachgezeichnet wird, die freilich nicht den historischen Tatsachen entspricht: Ein klares Wort etwa gegen die Vernichtung der Juden war von den etablierten Repräsentanten der christlichen Kirchen im Dritten Reich nicht zu hören.

Dass Koeppen selbst den Glauben an Gott von der Institution Kirche trennt, belegt eine Auskunft von 1951: „Ich bin protestantisch getauft und konfirmiert, aber ein Verhältnis zu der Gemeinde ist nicht vorhanden. Ich besuche keinen Gottesdienst, ich verlange nicht nach einer Predigt, ich vermisse den

Pastor nicht, ich brauche keinen Mittler."[158] Die Wahrnehmung der Kirche geschieht, ähnlich wie bei Siegfried, höchstens ästhetisch: „Zuweilen öffne ich die Tür einer katholischen Kirche, zu irgendeiner Tageszeit, ich schnuppere etwas Weihrauch von der letzten Messe, ich freue mich des schönen Raumes [...]"[159]. Siegfried: „[...] ich war kein Christenfeind, ich ging nur nicht in die Kirche, oder ich ging viel in die Kirchen, doch nicht zum Gottesdienst, oder ich ging auch zum Gottesdienst hin, aber nicht zu ihrem, den sie dort feierten." [70] Darüber hinaus findet sich bei Wolfgang Koeppen noch das Bekenntnis: „Ich weiß: ER ist vorhanden! Konsequente Gottesleugner fand ich immer dumm."[160] Die Kritik an den kirchlichen Repräsentanten untermauert Koeppen mit Kierkegaard: „Er schreibt, daß die angestellten Seelenhirten der Kirchen ernste Leute sind. Und er schreibt weiter: ‚Der Apostel Paulus war kein ernster Mann.' Auch ich bin kein ernster Mann."[161] Alle diese Positionen finden wir im „Tod in Rom" literarisch entfaltet, wie die oben aufgeführten Textstellen belegen.

3.7. Kunst im Kontext der Zeit

„Der Tod in Rom" ist nicht nur ein Roman über Künstler, sondern auch ein Generationenroman. Auf unterschiedliche Weise gehen die Söhne Siegfried und Adolf mit der Last um, die die Täterschaft der Eltern ihnen aufgebürdet hat. Beide geraten in Streit darüber, wie man ihnen gegenübertreten soll. Während Siegfried von seinen Eltern nichts mehr wissen will, ist Adolf eher vom biblischen Elternbild geprägt und hält eine Versöhnung für denkbar. Siegfried geht davon aus, dass die Menschen nicht zu ändern sind, und will ein selbstbestimmtes Leben leben, „solange der nationalistische Gott noch entkräftet ist" [126]. Adolf hingegen fragt Siegfried: „‚Und deine Musik? Willst du mit deiner Musik nicht die Welt ändern?' Siegfried sagte: ‚Nein. Du bist ein Phantast.' Aber Adolf blieb hartnäckig und fragte beharrlich: ‚Warum machst du Musik, warum komponierst du?' Siegfried: ‚Ich weiß es nicht'" [127].

Man kann diesen Dialog als Selbstgespräch des Schriftstellers deuten. Adolf stellt Siegfried genau die entscheidende Frage, die Koeppen umtreibt, die Philipp umtreibt, die Keetenheuve umtrieb. Siegfried versucht für sich eine Antwort zu finden, die auf Koeppen, Philipp und Keetenheuve ebenso zutreffen könnte: „Die Musik war nicht dazu da, die Menschen zu ändern, aber sie stand in Korrespondenz mit der gleichfalls geheimnisvollen Macht der Zeit, und so konnte sie vielleicht mit der Zeit zu großen Veränderungen beitragen, aber was ist in der Zeit ein Jahrhundert, was ein Jahrtausend, wir messen die Zeit aus dem Standort unseres flüchtigen Lebens, aber wir wissen nicht, was

---

[158] Koeppen, Wolfgang: Sein Geschöpf. Antwort auf eine Umfrage: Wie stehen Sie zu Gott? Zuerst in: Die Welt Nr. 300 vom 24. Dezember 1951. Zitiert nach: GW 5/229.
[159] Koeppen, Wolfgang: Sein Geschöpf. Zitiert nach: GW 5/229.
[160] Ebd., S. 230.
[161] Ebd.

die Zeit ist." [127] Die Selbstreflexion, die für Siegfried mehr schmerzhafte Fragen als Antworten aufwirft, bricht abrupt ab, die Ich-Erzählung wechselt ebenso abrupt in die Er-Erzählung und es passiert das, was Koeppen mit der Technik des inneren Dialoges bewirken wollte: „Die Teilwesen könnten gelegentlich auch den Eindruck der Selbständigkeit machen."[162] Während das Ich zugibt, dass Adolfs Gedanken ihn bewegt haben, reagiert Er-Siegfried schroff und beschimpft Adolf, fällt aber sogleich in die Ich-Reflexion zurück, in der sich das Ich für sein Verhalten schämt: „Warum quälte ich ihn? Warum entmutigte ich ihn? Weil ich selber entmutigt bin, oder weil mein Entmutigtsein mir das Außenseiterdasein sichert [...]? Suche ich wirklich ein Vaterland, oder berufe ich mich nur auf die Menschheit als auf einen Nebel, in den ich verschwinden kann? Ich liebe Rom, weil ich ein Ausländer in Rom bin, und vielleicht möchte ich immer ein Ausländer sein, ein bewegter Zuschauer." [128] Keetenheuve nannte sich einen „Ausländer des Gefühls"[163].

3.8. Reflexion des Erzählten durch Erzählung

„Wen sollte meine Musik erfreuen? Sollte sie überhaupt erfreuen? Sie sollte beunruhigen." [138] – Auf diese knappe Formel bringt Siegfried die Funktion seiner Symphonie kurz vor dem großen Konzert. Das Wort „beunruhigen" weist beiläufig auf eine besondere Beziehung zwischen Siegfried und Ilse Kürenberg hin; eine Beziehung, von der beide keine Kenntnis haben. Denn gleich zu Beginn des Romans lauscht Ilse der Orchesterprobe und hört eine Musik, die ihr nicht gefällt: „Was sie hörte, waren Dissonanzen, einander feindliche unharmonische Klänge, ein Suchen ohne Ziel, ein unbeharrliches Experiment, denn viele Wege wurden eingeschlagen und wieder verlassen, kein Gedanke mochte weilen, und alles war von Anfang an brüchig, von Zweifel erfüllt und von Verzweiflung beherrscht. [...] Jetzt beunruhigte sie Siegfrieds Musik, und sie wollte nicht beunruhigt werden. [...] Sie wollte nicht leiden. Nicht mehr. Sie hatte genug gelitten." [17] Es ist eine tragische Konstellation: Wie an anderer Stelle schon erwähnt, ist Siegfrieds Vater mit für den Tod von Ilses Vater verantwortlich. Sie hat also unter anderem durch seinen Vater gelitten. Siegfried empfindet ihr gegenüber Schuldgefühle. Sein Entschluss, sich der Zwölftonmusik zu widmen, war eine bewusste stilistische Entscheidung, um sich von den verhassten Eltern und der Naziherrschaft zu distanzieren. Mit seiner Musik weckt Siegfried nun einerseits bei Ilse unliebsame Erinnerungen, aber andererseits ist sie die einzige Person im Roman, die seine Musik versteht – obwohl sie die von ihrem Mann „geglättete" Version hört. Während der eigentlichen Aufführung vertieft sich das Verständnis noch:

---

[162] Koeppen, Wolfgang: Vom Tisch. In: Arnold, Heinz Ludwig: Wolfgang Koeppen, S. 10.
[163] Das Treibhaus, S. 127.

„[...] in Siegfrieds Symphonie war trotz aller Modernität ein mystisches
Drängen, eine mystische Weltempfindung, von Kürenberg lateinisch ge-
bändigt, aber Ilse Kürenberg ergründete jetzt, warum ihr die Urkomposi-
tion bei aller Klarheit der Wiedergabe unsympathisch blieb. Es war zuviel
Tod in diesen Klängen, und ein Tod ohne den heiteren Todesreigen auf
antiken Sarkophagen. Zuweilen bemühte sich die Musik um eine Sinnen-
freude der alten Grabmale, aber dann hatte Siegfried falsche Noten geschrieben, hatte sich in den Tönen vergriffen, sie wurden trotz Kürenbergs kühler Konduktion grell und maßlos, die Musik verkrampfte sich,
sie schrie, das war Todesangst, das war nordischer Totentanz, eine Pest-
prozession, und schließlich verschmolzen die Passagen zu einer Nebel-
wand. Es war kompositorisch nicht einmal mißlungen, es war in seiner
Art begabt, Ilse Kürenberg hatte ein feines Gehör, die Musik erregte sie,
aber es war Nebelunheimlichkeit darin, die perverse Hingabe an den
Tod, die ihr widerstrebte [...] und sie widerwillig erregte." [144]

Ilse Kürenberg „hört" aus der Musik sogar das Motiv des Nebels, dass Siegfried als Anfrage an seine eigene Kunstauffassung formuliert. Mit dieser Passage ist eine neue Qualität der Selbstreflexion erreicht. Das Erzählte wird mittels Erzählung reflektiert, die eigenen Zweifel an der Komposition (der zur
Literatur gewordenen Musik) werden offen zur Schau gestellt. Es ist dies auch
vermutlich das einzige Beispiel in Koeppens Werk für gelingende Kommunikation zwischen Künstler und Rezipient, obschon beide es nicht wissen. Wie,
als wenn sich der Autor selbst ertappt hätte, muss Ilse Kürenberg am Ende des
Romans durch die Hand Judejahns sterben, der sie an einem offenen Fenster
erblickt und erschießt, während sie gerade daran denkt, dass sie Siegfried
nicht für die Taten seiner Eltern verantwortlich machen kann.

3.9. Ästhetik der Sexualität

„Der Tod in Rom" war, wie „Das Treibhaus", wieder ein Roman, der sich den
Vorwurf der Pornographie gefallen lassen musste. In der Tat hat das Ge-
schlechtsleben der Koeppenschen Figuren selten etwas mit den bürgerlich-
konservativen Wertvorstellungen gemein. Besonders die Ehe erscheint als am
wenigsten taugliche Lebensform für gelingende Sexualität. In „Tauben im
Gras" werden Menschen mit „im Ehebett sauer gewordener Geilheit"[164] geschildert, über die Ehe von Philipp und Emilia heißt es: „'[...] sie sind kein
normales Ehepaar aber sie sind doch ein Ehepaar, ich halte ihre Ehe sogar für
ganz unlöslich obwohl sie zunächst betrachtet mehr eine Perversität als eine
Ehe ist, [...] Emilia und Philipp leisten sich die Perversität einer normalen Ehe
mit Eifersucht Bindung und Treue.'"[165] Eine „normale" Ehe im „Treibhaus"

---

[164] Tauben im Gras, S. 15.
[165] Ebd.

schildert Koeppen nicht viel idyllischer: „Sie entkleideten sich. Sie entleerten sich. Sie krochen ins Bett, der dicke Geschäftsmann, die dicke Geschäftsmannsfrau, der Sohn wird studieren, die Tochter wird gut heiraten, die Frau gähnt, der Mann furzt. Gute Nacht! Gute Nacht!"[166] Auch für Keetenheuve ist sicher, „daß er sich mit der Ehe auf eine Erfahrung eingelassen hatte, die ihm nicht bestimmt war und die ihn überflüssig belastete. [...] Sie paßten für die Liebe zusammen, doch nicht für das Leben."[167] Philipp geht fremd (ohne dass es zum Geschlechtsakt kommt), Keetenheuve begeht eine Vergewaltigung an einem Heilsarmeemädchen, das Motiv der knabenhaften Kindfrau zieht sich ebenso durch Koeppens Werk wie die Schilderungen von lesbischer Liebe, Onanie, Pädophilie und weiteren Formen der Sexualität. Der Autor sagt dazu im Interview mit Marcel Reich-Ranicki: „Ich finde es selbstverständlich, daß man diesen Lebensbereich hineinzieht und einen Menschen oder eine Romanfigur, die ja ein Mensch sein soll, auch mit diesen Dingen schmückt oder belastet. Ich selbst habe dazu die Auffassung, die wahrscheinlich in diesen Büchern und diesen Stellen vorkommt, daß Sexualität – in welcher Form auch immer – nichts Verwerfliches, nichts zu Schmähendes ist, sondern etwas Vorhandenes, was schön sein und das Leben, die Lebenslust bereichern kann."[168]

Im „Tod in Rom" führt Koeppen daher erneut die ganze Bandbreite des menschlichen Geschlechtslebens vor. Zuerst die Ausnahme: Als der homosexuelle Siegfried zufällig das ungemachte Bett der Eheleute Kürenberg erblickt, übt es eine ambivalente Anziehungskraft auf ihn aus: „[...] es zog seinen Blick an, den er nicht hinzuwenden sich vergebens bemühte, das breite Bett, das Ehebett stand großmächtig im geräumigen Zimmer, es war sachlich und schamlos, es war ganz unsinnlich und schamlos, es war aufgedeckt, kaltes und reines Linnen, und sprach kalt und rein von Gebrauch, den niemand verbergen wollte, von Umarmungen, deren niemand sich schämte, von tiefem gesunden Schlaf" [43]. Die Kürenbergs sind eine Ausnahmeerscheinung in Koeppens Werk, wie schon das vorige Kapitel gezeigt hat. Während die Protagonisten in „Tauben im Gras" und im „Treibhaus" die Form der Ehe zwar praktizierten, aber innerlich ablehnten, empfindet der homosexuelle Siegfried eine Art Neid: „[...] auf einmal begriff ich, daß Kürenbergs mir voraus waren, sie waren der Mensch, der ich sein möchte, [...]" [43]. Alle anderen Figuren des Romans leiden jedoch, wie gehabt, an unterdrückter oder unerfüllter Sexualität. Der brutale Nazi Judejahn „wollte fressen, saufen, huren, er hatte Lust dazu, Unruhe zwickte seine Hoden, warum nahm er sich nicht, was er haben wollte [...]?" [66] Der strebsame Sohn Dietrich Pfaffrath onaniert auf seinem Hotelzimmer und benötigt dazu ein heimlich gekauftes „bunt illustriertes Blatt, [...] und ein Mädchen stand mit breitgespreizten Beinen auf der

---

[166] Das Treibhaus, S. 141.
[167] Ebd., S. 15.
[168] Koeppen, Wolfgang: Ohne Absicht, S. 177.

Titelseite des Heftes, stand farbig fleischig da mit bis zum Nabel geöffneter Bluse" [87]. Die deutschen Eheleute Pfaffrath schlafen „auf der Reise noch einmal im Ehebett, wenn auch nicht in Umarmung vereint; zu Hause hatten sie nun getrennte Betten." [87]

Siegfried Pfaffrath hingegen leidet nicht nur an unterdrückter Sexualität, sondern er zweifelt vor allem den biblisch gebotenen Sinn der Sexualität an. Er ekelt sich bei dem Gedanken an den ehelichen Zeugungsakt und die daraus folgende Geburt, weil er beides als unästhetisch empfindet: „[...] Siegfried dachte an den Schoß des Weibes und daß sie Kinder hatte, und es ekelte ihn vor dem feuchten und warmen Schoß, vor den feuchten und warmen Kindern, dem feuchten und warmen Leben, und unheimlich und eklig dünkte ihm die Lebensgier, zu der wir verdammt sind, die Fortpflanzungssucht, die noch die Ärmsten betört, dieser Schein von Ewigkeit, der keine Ewigkeit ist, [...]." [104] Ästhetisch angezogen fühlt er sich hingegen von einem Knaben, der von zwei Jünglingen bedroht wird; alle drei „trugen knappe und dreieckige und auffallend grellrote Badehosen." [114] Was sich genau abspielt, verschleiert Koeppen mit mythischen Andeutungen: „[...] der schöne Knabe lag zwischen ihnen, rauh angepackt, nicht von Adlerfängen, von scheußlichen unreinen Geiern, Zeus-Jupiter war tot, auch Ganymed war wohl tot, ich verfluchte mich, ich stieg zu den Toten hinab" [115]. Die Szene wird vom Er-Erzähler mit harten Schnitten unterbrochen durch andere, simultan ablaufende, Handlungsstränge, die dem Geschehen eine zusätzliche Dramatik verleihen. Siegfrieds Erregung wird hingegen durchgängig in der Ich-Erzählung geschildert: „[...] ich nahm Ganymed mit in die Zelle, ich löste das rote Dreieck von seinem Geschlecht, ich sah den Knaben an, er war schön, und Glück und Traurigkeit erfüllten mich beim Anblick seiner Schönheit" [117]. Dann, nach weiteren szenischen Schnitten:

> „ich sah den Knaben an, glücklich und traurig. Ich wagte kein Wort ihm zu sagen. Ich wagte nicht ihn zu berühren. Ich wagte nicht, sein Haar zu streicheln. [...] Doch der übelste der Burschen trat in die Zelle, [...]. Ich verabscheute ihn. Er war nackt und ich verabscheute ihn. Ich haßte mich. Mein Knabe schlüpfte zur Tür hinaus. Ich haßte mich. Der Ekel war mit mir allein in der Zelle. Ich haßte mich und preßte mich an seinen geschändeten Leib, ich legte meinen Arm um seinen nassen Nacken, ich drückte meinen Mund auf seinen gemeinen käuflichen Mund. Es war Lust und Vergangenheit, die ich empfand, es war Erinnerung und Schmerz, und ich haßte mich" [118].

Die psychologische Deutung für Siegfrieds Päderastie liefert der Roman gleich mit, wenn der vom Anblick der Jünglinge Verführte reflektiert: „Ich wollte einsam sein, aber manchmal sehnte ich mich nach Nähe, nach Berührung, [...] nach einer Welt leiblicher Gemeinsamkeit, die ich verloren und von der ich mich losgesagt hatte, einem Zwang, aus dem ich mich befreit glaubte, die Jungenswelt der Ordensburg, den Geruch der großen Schlafsäle, die nackten Knabenkörper in spartanischer Erziehung im Frühnebel des Waldlaufs über den frostigen Boden gejagt [...]" [115]. Die eigene militärische Erziehung (die Koeppen in ähnlicher Weise auch „genossen" hat, siehe Kapitel 2.5.) ist Siegfried zwar verhasst, trotzdem hat sie offenbar den Nährboden für sein homoerotisches Ästhetikempfinden bereitet, das ihm bei allem Selbsthass während der geschilderten Szene dennoch Lust bereitet: „Das trübe Wasser des alten götterbefreundeten Flusses, in dem ich nun doch gebadet hatte, die feuchte, umschlingende Umarmung des mythischen Elements hatten mich euphorisch erquickt." [120]

Eine weitere Ursache ist die Ablehnung der menschlichen Fortpflanzung: Wegen seiner fatalistischen Geschichtssicht und seinem Glauben an die Unverbesserlichkeit des Menschen hält es Siegfried für ein Verbrechen, Kinder zu zeugen. Diese Auffassung „verdarb ihm den Umgang mit Mädchen, selbst dann, wenn sie Verhütungsmittel anwandten, die an sich schon peinlich eklig waren und peinlich eklig auf das zu Verhütende hinwiesen." [160] So verdankt sich Siegfrieds Sexualität einem Gemisch aus kindlichem Trauma, Geschichtsfatalismus, mythischer Verklärung und künstlerischer Ästhetik. Seine Knabenliebe sei denn auch eher „ein Anblicksbegehren und eine Phantasieliebe, eine geistig ästhetische Hingabe an die Schönheit" [160]. Das bestätigt der Autor Koeppen: „Bei mir geht es nicht, möchte ich sagen, um die direkte Sexualität. Es geht hauptsächlich um Liebe, vielleicht um eine kranke Liebe, die dann für den Begehrten, den krankhaft Begehrten vielleicht als eine aggressive Forderung nach Sexualität aufgefaßt werden kann. Es ist Liebe, und es ist vielleicht auch ein übertriebener Hang zur Ästhetik. Ein Liebesobjekt muß bei mir außerordentlich ästhetisch befriedigend sein."[169]

3.10. Siegfrieds Konzert

Stärker als im „Treibhaus", aber analog zu „Tauben im Gras", laufen im „Tod in Rom" alle Handlungsstränge auf die Aufführung von Siegfrieds Symphonie zu. Alle Romanpersonen treffen sich aus den unterschiedlichsten Beweggründen bei dem feierlichen Anlass wieder, der wie in „Tauben im Gras" weniger ein künstlerischer Höhepunkt sein darf, sondern vielmehr ein gesellschaftliches Ereignis darstellt. Mit satirischem Zungenschlag beschreibt Koeppen das Publikum:

„Spitzenprinzessinnen kamen, Schleiermatronen, Diamantfrisuren, Grafen der Reklame und Grafen des Außenamtes, berühmte Heiratsschwindler, Botschafter, ergraut im Überbringen schlechter Botschaften, Schneewittchens Mutter, Aschenbrödels Schwestern fuhren vor, [...] be-

---

[169] Koeppen, Wolfgang: Ohne Absicht, S. 177.

kannte Leinwandgesichter gähnten wohlhabende Backfische an, und alle gaben der Musik die Ehre, sie waren die Gesellschaft, man konnte sie nicht voneinander unterscheiden, sie trugen ein Einheitsgesicht." [137f.]

Es kommen auch ein paar Geistliche und ein paar junge Arbeiter, und man darf annehmen, dass sich nun im Konzertsaal exakt dasselbe Publikum versammelt hat wie bei Mr. Edwins Vortrag über den europäischen Geist. Aber die Gäste schlafen nicht. Im Gegenteil: Von den zentralen Figuren erfahren wir sogar, wie die Musik auf sie wirkt. Neben Ilse Kürenberg, deren Auffassung über Siegfrieds Symphonie an anderer Stelle schon erörtert wurde, gelingt es auch Adolf, sich zu einem bestimmten Grad auf die Musik einzulassen, und er glaubt sogar biographische Details des Komponisten herauszuhören. Seine werkimmanente Reflexion bricht allerdings ab, als er auf den Gedanken kommt, dass seine Kirche diese Musik wohl nicht billigen würde; „sie wäre auf dem Konzil zu Trient nicht als vorbildlich anerkannt worden." [147] Siegfrieds Eltern kommen die Klänge „wie Verhöhnung ihrer deutschbürgerlichen Sitte" [146] vor. In gewisser Weise haben sie also – wie Ilse – ebenfalls die Musik verstanden, denn Siegfrieds Ziel war ja, wenn schon nicht die Verhöhnung, dann zumindest die radikale kompositorische Distanzierung von den Klängen der „deutschbürgerlichen Sitte". Während Dietrich Pfaffrath in der Komposition eine mathematische Logik wähnt, die er nicht entschlüsseln kann, enthält sich nur Judejahn eines Urteils: Er weiß nicht, ob die Symphonie schon begonnen hat oder das Orchester noch die Instrumente stimmt.

Am Ende des Konzerts ist das Publikum polarisiert. Aus der Galerie, wo sich die billigeren Plätze befinden, gellen Pfiffe. Der Saal hingegen, in dem die betuchten und berühmten Gäste sitzen, spendet Applaus. Beide stacheln sich in Ablehnung und Zustimmung gegenseitig an. Siegfried weiß, dass er auf die Bühne kommen sollte, um sich zu verbeugen. Doch er hat sich in den Hintergrund der Galerie geschlichen und beobachtet die Publikumsreaktionen: „Eines der armen hochmütigen Mädchen neben mir sagte: ‚Ich könnte ihm in die Fresse spucken.' Sie meinte, sie möchte mir in das Gesicht spucken, mir, dem Komponisten." [148] Siegfried zeigt sich nicht auf der Bühne: „Mir war der Beifall zuwider. Ich gab nichts auf die Stimmung des Saales. Ich fühlte mich dem pfeifenden Olymp verbunden; [...]" [150]. Es mag unglaubwürdig erscheinen, dass der Künstler sich nicht über den Applaus des Publikums freut. Aber im Falle Siegfrieds ist es folgerichtig, weil die „Falschen" applaudieren und die „Richtigen" pfeifen. Für ihn, der mit seiner Musik nicht erfreuen, sondern beunruhigen wollte, kann begeisterter Beifall nicht die angemessene Reaktion sein.

Es besteht hier ein gravierender Unterschied zu „Tauben im Gras" und zum „Treibhaus", denn während in den dortigen Schlüsselszenen – Mr. Edwins Vortrag und Keetenheuves Bundestagsrede – zwischen Akteur und Publikum keine Kommunikation stattfindet, weil alle schlafen oder fast schlafen, provoziert Siegfrieds Symphonie eine Fülle von Reaktionen. Zwar basieren die Reaktionen überwiegend auf Unverständnis oder Missverständnissen, aber der Künstler wird in seiner Äußerung wahr- und auch überwiegend ernstgenommen. Dieser Eindruck verstärkt sich noch, als Siegfried durch Kürenbergs geschickte Lobbyarbeit ein Musikpreis zuerkannt wird, allerdings nur – soviel Ironie muss sein – der halbe: „aus diplomatischen Gründen mußte der Preis geteilt werden." [174] Markiert diese Episode also eine Entwicklung innerhalb der Romantrilogie, so hat sich doch einer nicht weiterentwickelt, der am Rande der Handlung in einer Kneipe mit Siegfried zusammentrifft:

> „Er drängte sich zwischen die Hocker, er stieß mich an, ich saß an der Bar und redete mit dem amerikanischen Dichter, wir sprachen noch einmal über das Konzert, das in ihm nachwirkte und ihn weiterhin erregte, und er erzählte mir von Homer und Vergil und daß er in dem Sonett, an dem er arbeitete, Vergil und Homer zitieren würde und daß nun nach dem Anhören meiner Symphonie Homer und Vergil ihm als Gestalten seiner eigenen Einsamkeit erschienen, die er immer wieder fliehen wolle, was ihn dann auf hohe Barhocker und in Geschwätz führte [...]." [164]

Es könnte sich hier um den amerikanischen Dichter Mr. Edwin handeln, der schon in „Tauben im Gras" einsam in der Menge Homer und Vergil zitierte.

3.11. Der Schluss

Die obligatorische Beischlafszene mit der obligatorischen Kindfrau am Ende des Romans findet diesmal ohne den Protagonisten statt. Judejahn ist vielmehr derjenige, den es zum Schluss in die Arme des naiven Barmädchens Laura treibt. Wie Keetenheuve muss Judejahn danach sterben, allerdings nicht durch Selbstmord, sondern durch einen Herzinfarkt. Doch die Konstellation ist noch vertrackter: Laura mit ihrem zauberhaften Lächeln wird am Ende so etwas wie die einzige Utopie des Romans, nach der alle Sehnsucht haben und bei der alle Ablenkung suchen. In einer ungewohnt zärtlichen Szene stellt Siegfried dem angehenden Priester Adolf, den er vorher so oft verletzt hatte, das Barmädchen Laura vor. Diese findet Adolf sympathisch und versetzt deshalb Judejahn, dem sie in Erwartung einer reichen Entlohnung versprochen hatte, die Nacht mit ihm zu verbringen. Judejahn will in der Bar nach ihr sehen, entdeckt sie mit Adolf und verlässt das Lokal in rasender Eifersucht gegen seinen Sohn. Der jedoch bemerkt davon nichts: „[...] er saß im Lächeln Lauras wie unter einer großen Sonne, der herrlichen Sonne eines unschuldigen Paradieses." [168] Siegfried, Laura und Adolf verlassen die Bar. Laura tut das mit dem Wunsch, sich dem Geistlichen zum Geschenk zu machen. Siegfried lässt sie nach einiger Zeit allein. Doch Adolf geht es ähnlich wie Philipp in „Tauben im Gras" mit Kay auf dem Hotelzimmer: „[...] er berührte Lauras Gesicht, er versuchte, das Lächeln zu greifen, einen hohen Ton, die Menschlichkeit, eine süße

Lust, und dann erschrak er und lief in die Nacht, die nun lächellos war und lange währen sollte." [176]

Laura trifft sich am nächsten Morgen mit Judejahn, der inzwischen gesundheitlich stark angeschlagen ist, und erhofft sich in ihrer Naivität immer noch Geschenke, wenn sie sich ihm hingibt. Judejahn allerdings, der sie in zunehmendem Fieberwahn für eine Jüdin hält, die liquidiert werden muss, wirft sich auf sie und hat mit ihr brutalen Geschlechtsverkehr, was die einfältige Laura dankbar über sich ergehen lässt: „[...] sie war ihm dankbar, weil er sich so angestrengt hatte; sie war ihm dankbar, weil er sie befriedigt und ihr Lust geschenkt hatte." [182] Josef Quack weist darauf hin, dass Judejahn in seiner Triebhaftigkeit nicht deshalb so extensiv geschildert werde, „um das saftige Portrait eines prallen Schurken zu geben, sondern um einen Wesenszug des Mannes zu bezeichnen, der ihn für die nazistische Ideologie anfällig machte. Gemeint ist die unübersehbare sexuelle Komponente des völkischen Judenhasses."[170] Das wird noch einmal deutlich an der folgenden Szene: Judejahn taumelt nach dem Geschlechtsakt zu seiner Hose, um seine schallgedämpfte Pistole zu holen: „Er sah Laura nackt im roten Nebel stehen, und das schwarze Becken des Waschtisches war der schwarze Erdgraben, in den die Erschossenen fielen. Man mußte die Jüdin liquidieren. Man hatte den Führer verraten. Man hatte nicht genug liquidiert." [183] Als er jedoch aus dem Fenster sieht und in einem Fenster im Hotel gegenüber Ilse Kürenberg erblickt, für deren Vaters Tod Judejahn schon mit gesorgt hatte, erschießt er statt Laura sie.

In seinem Wahn begibt sich Judejahn auf die Flucht und rennt in das römische Thermenmuseum. Er hält die Statuen um sich für echte nackte Menschen und glaubt, da sein Blick sich zunehmend vernebelt, er befinde sich in einer Gaskammer: „Er war der Kommandeur. Die Höllenhunde hatten das Gas zu früh angedreht. Es war eine bodenlose Schweinerei. Er mußte durchgreifen. Die Disziplin mußte gewahrt werden." [185] Kurz darauf sackt er in sich zusammen und bleibt liegen. Sein Sohn Adolf, der sich zufällig im gleichen Museum aufhält und gerade mit seiner Religion hadert, reagiert schnell, holt den Priester, bei dem er kurz zuvor seine harmlose Liaison mit Laura gebeichtet hatte, und beide nehmen an Judejahn die letzte Ölung vor: „Er lag da und rührte sich nie mehr, und der römische Priester empfahl ihn der Gnade Gottes, und sein Sohn betete für den Vater in römischer Priestertracht – zwei Sendboten des Feindes." [187] Der Roman endet mit einer abgewandelten Zeile aus Thomas Manns Novelle „Der Tod in Venedig": „Die Zeitungen meldeten noch am Abend Judejahns Tod, der durch die Umstände eine Weltnachricht geworden war, die aber niemand erschütterte." [187]

Es muss zumindest kurz erwähnt werden, dass auch zwischen Judejahn und Siegfried eine frappierende Beziehung besteht: Beide haben in ihrer Kindheit die von militärischem Drill geprägte Erziehung genossen. Gelegent-

---

[170] Quack, Josef: Wolfgang Koeppen. Erzähler der Zeit, S. 207f.

lich wird Judejahn im Roman nicht nur als der brutale SS-General, sondern auch als kleiner schüchterner Gottlieb geschildert, dessen Ängste und Selbstzweifel aber meist nach kurzer Zeit vom mächtigen Judejahn ausgemerzt werden – auch Judejahn ist also eine gespaltene Persönlichkeit. Das Trauma der Erziehung hat bei ihm und Siegfried jedoch die gegensätzlichsten Auswirkungen. Während Judejahn in unreflektiertem Gehorsam gegenüber dem „Führer" ein harter Kommandant wurde, der wiederum von allen anderen unreflektierten Gehorsam verlangt, komponiert der homosexuelle Künstler Siegfried „entartete" Musik. Judejahn, der aus der Wüste kam, muss am Ende sterben. Siegfried hingegen will von seinem Preisgeld eine Reise in die Wüste bezahlen, um in Afrika eine „schwarze Symphonie" [177] zu schreiben. Wolfgang Koeppen hat sie schon geschrieben.

4. Autobiographisches in Koeppens Romanen

In einem Atemzug mit Koeppens Schriftstellertätigkeit wurde häufig sein berühmtes „Verstummen" genannt, das nach der Roman-Trilogie und den vor allem von Marcel Reich-Ranicki[171] als Ausweichmöglichkeit und Seitenpfad angesehenen Reisebüchern eingesetzt haben soll. Inzwischen dürfte der Nachlass bewiesen haben, dass Koeppen auch in seinen „schweigsamen" Phasen unentwegt geschrieben hat; zwar keine Romane, aber zahlreiche Erzählungen, Essays, Nachworte, Rezensionen und vieles mehr. Eine Schreibkrise ist also im Nachhinein höchstens für die Romanform zu konstatieren, doch auch hier findet sich im Nachlass zumindest eine Reihe von Anfängen, Entwürfen und unvollendet gebliebenen Fragmenten. Die nicht verstummen wollenden Behauptungen über den „verstummten" Schriftsteller sind also nur ein weiterer Mythos um Wolfgang Koeppen, an dem er freilich gern mitgewoben hat.

Schon früh versuchte die Forschung an seinem Werk nachzuweisen, worin die formal-ästhetischen Ursachen für Koeppens Schreibprobleme lagen. So analysiert etwa Dietrich Erlach: „Mit dem TOD IN ROM war Koeppen, wie es scheint, an ein vorläufiges Ende des gesellschaftskritischen Romans gelangt. Er konnte den Erzählerstandpunkt, der die Trilogie bis in Einzelheiten der formalen Anlage geprägt hatte, nicht mehr beibehalten. [...] Über den TOD IN ROM hinaus konnte es schwerlich eine Steigerung warnender Anklage geben"[172]. Martin Hielscher entdeckt im „Tod in Rom" gleichzeitig sogar den unausweichlichen „Tod des Romans"[173]. Und Jürgen Peters geht noch einen Schritt weiter, vielmehr einen Roman zurück. Mit Blick auf „Das Treibhaus" urteilt er: „Dieses Buch ist als das gescheitert, was es am deutlichsten unter allen Nachkriegsbüchern dieses Autors sein soll, als Roman."[174] Und weiter: „Der entscheidende Einschnitt innerhalb der Nachkriegsproduktion Wolfgang Koeppens liegt nicht zwischen den Romanen einerseits und den Reiseberichten auf der anderen Seite, er setzt nach *Tauben im Gras* ein."[175] Mit letztgenannter These ist Peters jedoch allein geblieben.

---

[171] Vgl. Reich-Ranicki, Marcel: Der Fall Wolfgang Koeppen, S. 13ff.
[172] Erlach, Dietrich: Wolfgang Koeppen als zeitkritischer Erzähler, S. 184.
[173] Vgl. Hielscher, Martin: Zitierte Moderne, S. 27.
[174] Peters, Jürgen: Wolfgang Koeppen, ein Schriftsteller der Bundesrepublik / Zu den Romanen. In: Born, Nicolas und Manthey, Jürgen (Hg.): Nachkriegsliteratur. Literaturmagazin 7. Rowohlt Taschenbuch Verlag, Reinbek bei Hamburg 1977, S. 313.
[175] Ebd., S. 314.

Wäre es angesichts eines Autors wie Koeppen, der ja unter anderem ein erfahrener Auftragsarbeiter war und dem – zumindest bei solchen für den Lebensunterhalt notwendigen Arbeiten – eben nicht jede einzelne Zeile „auf den Nägeln brannte"[176], wie es Ernst von Salomon einmal formulierte, völlig unwissenschaftlich, auch andere Gründe als die werkimmanent-literarischen in Betracht zu ziehen? Die Rolle von Koeppens Frau Marion und ihr Einfluss auf seine Arbeit scheint mir bisher vernachlässigt worden zu sein. Oft finden sich in der Sekundärliteratur über Wolfgang Koeppen gerade mal ihre Geburts- und Sterbedaten. Selbst Georg Schuppener, von dem die jüngste Untersuchung über „Autobiographisches in *Tauben im Gras*"[177] stammt, erwähnt als autobiographischen Verweis auf Koeppens Frau lediglich den Altersunterschied zwischen Philipp und Emilia. Das liegt sicher unter anderem daran, dass Koeppen selbst nur höchst selten von seiner Frau erzählt hat. Ein anderer Grund mag sein, dass man mit dem Stochern in der Familiensituation eines Autors einen Bereich der Privatsphäre berührt, der in die wissenschaftliche Untersuchung des literarischen Werkes aus Höflichkeit und Anstand in der Regel nicht einbezogen wird.

Helmut Heißenbüttel glaubt, dass Koeppen die Grenzen bezüglich privater Mitteilungen in seinem Werk sehr klar und bewusst gezogen hat: „[...] Koeppen hat, etwa in ‚Tauben im Gras' sein *anecdotical life* preisgegeben, was sich zugleich auch als Erfindung in der Distanz halten ließ. Wie kaum ein anderer Schriftsteller der Gegenwart war er schon immer (und ist er vielleicht heute in gesteigertem Maß) von äußerster Empfindlichkeit gegen die Aufdeckung des wahren *anecdotical life* der Privatperson Wolfgang Koeppen."[178] Der Autor selbst formuliert es so: „Es gibt natürlich den Koeppen, der irgendwann geboren ist, irgendwo zur Schule gegangen ist, einmal Redakteur war und den man erkennungsdienstlich feststellen und festlegen könnte. Aber es gibt auch den surrealistischen Koeppen, eine literarische Figur, wo das alles nicht so sicher ist, der, um es im Extrem auszudrücken, wenn er gefragt wird, wann sind Sie geboren, vielleicht antworten möchte: Es ist gar nicht so sicher, daß ich jemals geboren wurde."[179]

Nichtsdestoweniger steckt in Emilia mindestens ebensoviel Autobiographisches von Koeppens Frau Marion wie in Philipp von Wolfgang Koeppen selbst. In seiner Analyse der Figuren in „Tauben im Gras" stellt Josef Quack

---

[176] von Salomon, Ernst: Gewitter in der Bundeshauptstadt. Aufregung in Bonn: Wolfgang Koeppen begräbt den Parlamentarier. In: Die Welt, Hamburg 21.11.1953, Nr. 272. Zitiert nach: Greiner, Ulrich: Über Wolfgang Koeppen, S. 50.
[177] Schuppener, Georg: Gespiegelte Wirklichkeit. Autobiographisches in *Tauben im Gras*. In: Müller-Waldeck, Gunnar und Gratz, Michael (Hg.): Wolfgang Koeppen – Mein Ziel war die Ziellosigkeit. Europäische Verlagsanstalt, Hamburg 1998, S. 169ff.
[178] Heißenbüttel, Helmut: Literatur als Aufschub von Literatur? In: Text + Kritik, Heft 34, München 1972, S. 34.
[179] Zitiert nach: Estermann, Alfred: Nachwort. In: Auf dem Phantasieroß, S. 671f.

fest: „Philipp und Emilia haben von allen Personen des Romans das klarste Bewusstsein von ihrer Lage; nicht ohne Grund werden sie am genauesten und intensivsten aus der Innenperspektive, im stummen Monolog, dargestellt."[180] Nicht ohne Grund, in der Tat: Ein entscheidender Grund dürfte sein, dass Koeppen diese beiden Personen wirklich am genauesten und intensivsten aus der Innenperspektive kannte. Nicht nur, dass Wolfgang und Marion Koeppen sich nach dem Krieg, ähnlich wie Emilia, mit dem Verkauf ihrer von der Großmutter geerbten Familienantiquitäten über Wasser hielten oder dass Marion gelegentlich Verhältnisse mit lesbischen Frauen hatte, auch Emilias Alkoholkrankheit beschreibt Koeppen aus eigener Betroffenheit. In einem Interview mit Volker Wehdeking findet sich die aufschlussreiche Randbemerkung, dass Koeppen einen von Erich Kästner erhaltenen Auftrag (der bereits erwähnte Aufsatz über Chaplins „Der große Diktator") deshalb nicht ausführen konnte, weil „eine große Krise mit Marion und dem Alkohol"[181] dazwischen gekommen sei. Gegenüber Karl Woisetschläger präzisiert Koeppen diese Krise: „[...] sie hat getrunken. Und ich habe alles getan, sie zu retten. Ich wußte, daß das tödlich enden würde. Es ist mir nicht gelungen. Ich habe sie geliebt."[182] Und in einem weiteren Interview erwähnt der Autor einen fast vollendeten Roman (wie so oft), der längst fertig wäre, „wenn es nicht Störungen gäbe, die mit der literarischen Produktion gar nichts zu tun haben"[183]. In Koeppens Nachlass finden sich inzwischen noch weitere Belege dafür, dass es erhebliche Parallelen zwischen Marion Koeppen und Emilia gibt. Ohne in unangemessenem Maße Privates preisgeben zu wollen, soll hier exemplarisch eine Passage aus einer Materialsammlung Koeppens (offenbar für einen literarischen Text) über seine Frau zitiert werden:

„Sie hindert mich, meinen Beruf auszuüben, den sie haßt, auf den sie eifersüchtig ist. Ich wage nicht, beruflich zu verreisen, Vorlesungen zu halten, sie [...] beschimpft meinen Verleger, er ginge mit mir ins Bordell. In der Wohnung zerschlug sie meine Schreibmaschine, brachte meinen Schreibtisch, Manuskripte, Akten durcheinander, warf meine Anzüge ins Treppenhaus. Zunehmender Eifersuchtswahn."[184]

---

[180] Quack, Josef: Wolfgang Koeppen. Erzähler der Zeit, S. 123.
[181] Die Last der verlorenen Jahre. Ein Gespräch mit Wolfgang Koeppen von Volker Wehdeking. Zitiert nach: Koeppen, Wolfgang: Einer der schreibt, S. 218.
[182] Ich kaufte mir eine Pistole. Wolfgang Koeppen wird 85 – Ein Gespräch mit dem Dichter in seiner Wohnung in München von Karl Woisetschläger. In: Die Presse, Wien, 22./23. Juni 1991. Zitiert nach: Koeppen, Wolfgang: Einer der schreibt, S. 247.
[183] Hage, Volker: Wolfgang Koeppen. In: Frankfurter Allgemeine Zeitung (Magazin) vom 10.10.1980. Zitiert nach: Treichel, Hans-Ulrich: Fragment ohne Ende, S. 194.
[184] Nachlass Wolfgang Koeppen, „Marion K." M 196, S. 3.

Viele biographische Details seiner Figuren Philipp und Emilia in „Tauben im Gras" hat Koeppen also erstaunlich unverschlüsselt seiner eigenen Biographie entnommen, auch wenn er in einem Vorspruch formelhaft behauptet, „Ähnlichkeiten mit Personen und Geschehnissen des Lebens sind Zufall und vom Verfasser nicht beabsichtigt."[185] In einem Interview wurde Koeppen 1987 konkret nach Ähnlichkeiten zwischen den Frauenfiguren in seinen Nachkriegsromanen und seiner eigenen Frau Marion gefragt. Koeppen antwortete: „Grundsätzlich: der Mensch, der lebt, ist niemals identisch mit einer Romanfigur. Und eine Romanperson ist natürlich nie identisch mit einer zur Zeit der Entstehung des Romans lebenden Person. Aber wie könnte ein Mensch es überhaupt vermeiden, einen Schatten in ein Buch zu werfen, das einer geschrieben hat, während dieser Mensch für ihn, den Autor, die wichtigste, die aufregendste, die tödlichste Erscheinung seiner Tage war. Meine Frau geisterte nicht durch jedes meiner Bücher. Aber es ängstigte sie, was ich schrieb. [...] Kein Buch von mir ist autobiographisch und keines ist es nicht."[186]

Was die Figuren in Koeppens Werk angeht, gibt es frappierende Kontinuitäten: „Die beiden Hauptfiguren, der melancholische ‚Dichter' und die Kindfrau, werden in immer neuen Variationen in den folgenden Romanen zu finden sein."[187] Martin Hielscher schrieb diesen Satz bereits Bezug nehmend auf „Eine unglückliche Liebe". Die Feststellung trifft aber ebenso und in besonderem Maße auf „Tauben im Gras" und „Das Treibhaus" zu. Auch die Vorliebe für „Kindfrauen" ist kein Zufall: Als Koeppen im Jahr 1944 Marion Ulrich kennen lernte, war diese gerade 17 Jahre alt geworden. Als beide heirateten, war Marion Koeppen 20 und Wolfgang Koeppen 44 Jahre alt.[188] In „Tauben im Gras" findet das seine Entsprechung im Altersverhältnis von Philipp (der in der Kaiserzeit geboren wurde) zu Emilia, die als kindlich und als „Mädchen" bezeichnet wird und kaum älter als 20 Jahre alt sein kann.[189] Im „Treibhaus" gibt es vergleichbare Parallelen: Elke, die Frau des 39-jährigen Keetenheuve (die zu Beginn des Romans allerdings schon tot ist) war 16, als beide sich zum erstenmal begegneten, sie war alkoholkrank und sie hatte ein lesbisches Verhältnis mit einer älteren Frau. Als eine weitere Kontinuität kann festgehalten werden, dass Koeppen weder in seinen Büchern noch im Privatleben jemals Zugang zu einem so genannten „bürgerlichen" Familienleben ge-

---

[185] Tauben im Gras, S. 6.
[186] Warum sind Sie so unglücklich, Herr Koeppen? Ein Interview von Hanne Kulessa. In: Frankfurter Allgemeine Magazin vom 28. August 1987. Zitiert nach: Koeppen, Wolfgang: Einer der schreibt, S. 196f.
[187] Hielscher, Martin: Wolfgang Koeppen, S. 61.
[188] Während Koeppen-Biographen seine Hochzeit voneinander abweichend auf „1946 oder 1947" (Hielscher) bzw. „1948" (Müller-Waldeck) datieren, nennt Koeppen in der erwähnten Materialsammlung aus dem Nachlass „1950" als Heiratsjahr. In einem Interview äußert er allerdings wiederum, er habe seine Frau im letzten Kriegsjahr kennen gelernt und zwei Jahre später geheiratet.
[189] Vgl. Schuppener, Georg: Gespiegelte Wirklichkeit, S. 174.

funden hat, oder vielmehr: nicht finden wollte, da er bürgerlichen Lebensformen insgesamt ablehnend gegenüber stand.[190] Ohne Wolfgang Koeppens literarästhetische Probleme banalisieren zu wollen, scheint es mir doch nötig, die möglichen äußeren und nicht-literarischen Einflüsse auf seine Dichtung und sein späteres „Verstummen" wenigstens zur Kenntnis zu nehmen. Jörg Döring hat ein ähnliches Verfahren für seine Analyse von Koeppens Erstlingswerk „Eine unglückliche Liebe" angewandt und verteidigt es vorsorglich gegen den Einwand, die Betrachtung des autobiographischen Schreibanlasses sei unseriös:

> „Man verwirft sie [die „Schreibanlaß-Forschung", Anm. d. Verf.], um sich von einem banausischen, weil werkfremden Interesse an der *vita* des Autors abzugrenzen: Die Suche nach einem autobiographischen Hintergrund verstelle gerade den Blick auf die spezifische Literarisierungsleistung, die einem künstlerischen Text zugrunde liegen müsse. Dagegen sei eingewandt, daß [...] durch die Ermittlung des Schreibanlasses der Blick auf die Literarisierungsleistung sogar geschärft werden kann. Mehr noch: Ein gehaltvoller Begriff des Fiktionalen wird überhaupt erst dadurch gewonnen, daß man den Anteil des literarisch Konstruierten namhaft zu machen versucht."[191]

Welche Gründe nun tatsächlich – und mit welchem Anteil – für Koeppens Probleme mit der Romanform heranzuziehen sind, wird niemand mehr mit letzter Sicherheit erforschen können. Mit einer weiteren „unwissenschaftlichen" wie originellen These von Marcel Reich-Ranicki soll dieses Kapitel deshalb enden: „Die schwachen, die mißratenen Bücher, mit denen seine berühmten Kollegen – von Arno Schmidt über Böll bis Grass – in späten Jahren ihre Verehrer in große Verlegenheit gebracht haben, wollte er uns offensichtlich ersparen."[192]

---

[190] Dass Wolfgang Koeppen die Vorliebe für junge Frauen nie aufgegeben hat, bezeugt ein verblüffendes Bekenntnis im Interview mit Karl Woisetschläger anlässlich seines 85. Geburtstages: Er habe seit einem halben Jahr ein Verhältnis mit einer 19-jährigen Abiturientin, die ihre Abschlussarbeit über ihn geschrieben hatte und ihn daraufhin kennen lernen wollte. Die Beziehung sorgte laut Koeppen im Kollegenkreis für einen kleinen Skandal (Vgl. Koeppen, Wolfgang: Einer der schreibt, S. 243f.).
[191] Döring, Jörg: Wolfgang Koeppen 1933 – 1948, S. 27.
[192] Reich-Ranicki, Marcel: Der Sprecher aller Minderheiten. Rede auf einer Feier der Bayrischen Akademie der Künste zu Ehren des achtzigsten Geburtstag von Wolfgang Koeppen. Zuerst gedruckt in: Frankfurter Allgemeine Zeitung vom 21. Juni 1986. Zitiert nach: Reich-Ranicki, Marcel: Wolfgang Koeppen. Aufsätze und Reden, S. 110.

Fazit

Als Wolfgang Koeppen 1982 an der Johann-Wolfgang-Goethe-Universität in Frankfurt eine öffentliche Vorlesungsreihe abhielt, gab er ihr den Titel: „Ist der Schriftsteller ein unnützer Mensch?" Koeppens Schriftsteller Philipp bejaht diese Frage für sich. Ähnlich der Abgeordnete Keetenheuve, der konsequent genug war, seinem unnützen Leben im Rhein ein Ende zu bereiten. Der Komponist Siegfried Pfaffrath ist zumindest davon überzeugt, dass seine Musik nichts an irgendwelchen Verhältnissen ändert – also auch unnütz? Zum Nutzen der Leserschaft ist über diese Frage viel Literatur entstanden. Wolfgang Koeppens Nachkriegstrilogie gehört dazu.

Im Mittelpunkt stehen drei Protagonisten, die an ihrer Umwelt und sich selbst scheitern. Es sind drei mehr oder weniger verkleidete Schriftsteller, die sich und ihr Schaffen unentwegt selbst reflektieren und somit die Vermutung nahe legen, dass sich ihr Schöpfer, ein Schriftsteller, in ihnen ebenfalls reflektiert. Die Parallelen zwischen diesen drei (vier) Figuren sind derart auffällig, dass Koeppens Nachkriegsromane als Trilogie etikettiert wurden, obwohl er sie gar nicht unbedingt als solche konzipiert hatte.

Die Figuren versuchen in ihrer jeweiligen Profession, die Zeit, in der sie leben, künstlerisch zu bewältigen. Ihnen allen gelingt das nur mit einer Kunst jenseits des Massengeschmacks. Sie wählen, jeder für sich, die Rolle des gesellschaftlichen Außenseiters, dessen auserwählte wie vergebliche Position die des Beobachters zu sein scheint. Gemeinsam ist ihnen eine fatalistische Geschichtssicht, die den Lauf der Welt als unveränderlichen Prozess begreift, in dem lediglich Varianten eines Grundmusters wiederkehren.

Die Kunst kann daran nichts ändern, aber aus dem nicht ausgesprochenen Wunsch heraus, es möge sich etwas ändern, entsteht sie. Die Verhaltensweisen der konservativ-bürgerlichen Gesellschaft, seien sie kultureller, politischer oder sexueller Art, werden radikal in Frage gestellt. Der Schriftsteller hat sich auf die Seite aller Schwachen und Benachteiligten, aller Minderheiten zu stellen und möchte selbst offenbar die kleinste Minderheit bleiben: ein selbstbestimmtes Individuum.

Die auffälligen Gemeinsamkeiten zwischen den drei Figuren schließen den ein, der sie ihnen angedichtet hat: den Schriftsteller Wolfgang Koeppen. So wie die Weltsicht in seinen Romanen unaufhörlich in einem mythologischen Kontext reflektiert wird, hat er versucht, den Mythos Koeppen zu schaffen, die Romanfigur Koeppen, die Außenseiter und Beobachter ist.

Doch das Außenseitertum gerät zum Widerspruch, je häufiger man es in Büchern und Zeitungsinterviews für sich reklamiert. Koeppen, ein Kenner der Weltliteratur, hat sich immerhin im Geiste der Gesellschaft der Literaten zugehörig gefühlt. Unzählige Verweise in seinen Romanen sprechen dafür. So ist der Wunsch nach Einsamkeit vielleicht doch der nach einer Zugehörigkeit. Die Frage „Zu wem?" hat Koeppen selbst beantwortet und sich ohne falsche Bescheidenheit in eine erlesene Tradition eingereiht: „Der geniale Mensch, also er, Baudelaire, er sagt es oft, will, soll, muß einsam sein. [...] Victor Hugo verstand es allerdings, sich die Sache erträglich zu richten; er war entschlossen ‚die Einsamkeit in der Menge zu genießen'."[193]

---

[193] Koeppen, Wolfgang: Unlauterer Geschäftsbericht, GW 5/271.

Literaturverzeichnis

A. Primärliteratur
A.1. Wolfgang Koeppen

KOEPPEN, WOLFGANG: Eine unglückliche Liebe. Goverts, Stuttgart 1960.

KOEPPEN, WOLFGANG: Das Treibhaus. Suhrkamp, Frankfurt am Main 1972.

KOEPPEN, WOLFGANG: Der Tod in Rom. Suhrkamp, Frankfurt am Main 1975.

KOEPPEN, WOLFGANG: Nach Russland und anderswohin. Empfindsame Reisen. Suhrkamp, Frankfurt am Main 1979.

KOEPPEN, WOLFGANG: Tauben im Gras. Suhrkamp, Frankfurt am Main 1980.

KOEPPEN, WOLFGANG: Romanisches Café. Suhrkamp, Frankfurt am Main 1980.

KOEPPEN, WOLFGANG: Die elenden Skribenten. Aufsätze. Herausgegeben von Marcel Reich-Ranicki. Suhrkamp, Frankfurt am Main 1981.

KOEPPEN, WOLFGANG: Morgenrot. Suhrkamp, Frankfurt am Main 1987.

KOEPPEN, WOLFGANG: Gesammelte Werke in sechs Bänden. Herausgegeben von Marcel Reich-Ranicki in Zusammenarbeit mit Dagmar von Briel und Hans-Ulrich Treichel, Suhrkamp Verlag, Frankfurt am Main 1990.

KOEPPEN, WOLFGANG: Jakob Littners Aufzeichnungen aus einem Erdloch. Suhrkamp, Frankfurt am Main 1994.

KOEPPEN, WOLFGANG: Ohne Absicht. Gespräch mit Marcel Reich-Ranicki in der Reihe »Zeugen des Jahrhunderts«. Herausgegeben von Ingo Hermann. Lamuv Verlag, Göttingen 1994.

KOEPPEN, WOLFGANG: Einer der schreibt. Gespräche und Interviews. Herausgegeben von Hans Ulrich Treichel. Suhrkamp, Frankfurt am Main 1995.

KOEPPEN, WOLFGANG: Jugend. Suhrkamp, Frankfurt am Main 1996.

KOEPPEN, WOLFGANG: Ich ging Eulenspiegels Wege. Ein Lesebuch. Herausgegeben von Dagmar von Briel, Suhrkamp, Frankfurt am Main 1996.

KOEPPEN, WOLFGANG und BAUMGARTL, NOMI: »Wolfgang Koeppen: Ich?« Reisen in Bildern, Meine letzten Seiten, Kein Testament. Selbstaussagen ausgewählt von Sybille Brantl. Bibliothek der Provinz, Weitra 1997.

KOEPPEN, WOLFGANG: Auf dem Phantasieroß. Prosa aus dem Nachlaß. Herausgegeben von Alfred Estermann. Suhrkamp, Frankfurt am Main 2000.

KOEPPEN, WOLFGANG: Die Jawang-Gesellschaft. Mit einem Nachwort von Alfred Estermann. Suhrkamp, Frankfurt am Main 2001.

A.2. Sonstige Primärliteratur

BÜCHNER, GEORG: Lenz. Eine Reliquie. Deutscher Taschenbuch Verlag, München 1997.

KIERKEGAARD, SÖREN: Entweder – Oder, Teil I und II. Deutscher Taschenbuch Verlag, München 1998.

REICH-RANICKI, MARCEL: Mein Leben. Deutsche Verlags-Anstalt, Stuttgart 1999.

SCHILLER, FRIEDRICH: Wilhelm Tell. Schauspiel. Reclam, Stuttgart 1982.

SHAKESPEARE, WILLIAM: Hamlet. Reclam, Stuttgart 1984.

B. Sekundärliteratur

ARNOLD, HEINZ LUDWIG (Hg.): Wolfgang Koeppen. Edition Text + Kritik, Heft 34, Richard Boorberg Verlag, München 1972.

DÖRING, JÖRG: Eulenspiegel schreibt Gespenstergeschichten. Wolfgang Koeppen im Dritten Reich. In: Caemmerer, Christiane/Delabar, Walter (Hg.): Dichtung im Dritten Reich? Zur Literatur in Deutschland 1933-1945, Westdeutscher Verlag, Opladen 1996.

DÖRING, JÖRG: »...ich stellte mich unter, ich machte mich klein...«. Wolfgang Koeppen 1933 - 1948. Stroemfeld Verlag, Frankfurt am Main/Basel 2001.

EGGERT, STEFAN: Wolfgang Koeppen. Edition Colloquium im Wissenschaftsverlag Volker Spieß, Berlin 1998.

ERLACH, DIETRICH: Wolfgang Koeppen als zeitkritischer Erzähler. Acta Universitatis Upsaliensis - Studia Germanistica Upsaliensa 11, Uppsala 1973.

GÖTZE, KARL-HEINZ: Wolfgang Koeppen: »Das Treibhaus«. Wilhelm Fink Verlag, München 1985.

GREINER, ULRICH (Hg.): Über Wolfgang Koeppen. Suhrkamp, Frankfurt am Main 1976.

HÄNTZSCHEL, GÜNTER u.a. (Hg.): Jahrbuch der Internationalen Wolfgang Koeppen-Gesellschaft 1 (2001). Iudicium Verlag, München 2001.

HIELSCHER, MARTIN: Wolfgang Koeppen. Verlag C. H. Beck, München 1988.

HIELSCHER, MARTIN: Zitierte Moderne. Poetische Erfahrung und Reflexion in Wolfgang Koeppens Nachkriegsromanen und in „Jugend". Carl Winter Universitätsverlag, Heidelberg 1988.

LORENZ, OTTO: Die Öffentlichkeit der Literatur. Fallstudien zu Produktionskontexten und Publikationsstrategien: Wolfgang Koeppen - Peter Handke - Horst-Eberhard Richter. Max Niemeyer Verlag, Tübingen 1998.

MÜLLER-WALDECK, GUNNAR (Hg.): »Nach der Heimat gefragt ...« Texte von und über Wolfgang Koeppen. Begleitheft zur Ausstellung: »Mein Ziel war die Ziellosigkeit«. Schelsky & Jeep, Berlin 1995.

MÜLLER-WALDECK, GUNNAR und GRATZ, MICHAEL (Hg.): Wolfgang Koeppen - Mein Ziel war die Ziellosigkeit. Europäische Verlagsanstalt, Hamburg 1998.

OEHLENSCHLÄGER, ECKART (Hg.): Wolfgang Koeppen. Suhrkamp, Frankfurt am Main 1987.

PETERS, JÜRGEN: Wolfgang Koeppen, ein Schriftsteller der Bundesrepublik / Zu den Romanen. In: Born, Nicolas und Manthey, Jürgen (Hg.): Nachkriegsliteratur. Literaturmagazin 7. Rowohlt, Reinbek bei Hamburg 1977.

PIEPER, ANNEMARIE: Die Wahl der Freiheit als die Freiheit der Wahl. In: Baumgartner, Hans Michael (Hg.): Prinzip Freiheit. Verlag Karl Alber, Freiburg/München 1979.

PIEPER, ANNEMARIE: Søren Kierkegaard. Verlag C. H. Beck, München 2000.

QUACK, JOSEF: Wolfgang Koeppen. Erzähler der Zeit. Verlag Königshausen & Neumann, Würzburg 1997.

REICH-RANICKI, MARCEL: Wolfgang Koeppen. Aufsätze und Reden. Amman Verlag, Zürich 1996.

RICHNER, THOMAS: Der Tod in Rom. Eine existential-psychologische Analyse von Wolfgang Koeppens Roman. Artemis Verlag Zürich/München, 1982.

RICHTER, TONI: Die Gruppe 47. Verlag Kiepenheuer & Witsch, Köln 1997.

STÜHLER, FRIEDBERT: Alfred Döblin – Berlin Alexanderplatz, Wolfgang Koeppen – Tauben im Gras. Der moderne deutsche Großstadtroman. Joachim Beyer Verlag, Hollfeld 1996.

TREICHEL, HANS-ULRICH: Fragment ohne Ende. Eine Studie über Wolfgang Koeppen. Carl Winter Universitätsverlag, Heidelberg 1984.

www.ingramcontent.com/pod-product-compliance
Lightning Source LLC
Chambersburg PA
CBHW020130010526
44115CB00008B/1055